Frau macht Schule

Zur besseren Lesbarkeit werden in diesem Buch personenbezogene Bezeichnungen, die sich zugleich auf Frauen und Männer beziehen, generell nur in der im Deutschen üblichen männlichen Form angeführt. Dies soll jedoch keinesfalls eine Geschlechterdiskriminierung oder eine Verletzung des Gleichheitsgrundsatzes zum Ausdruck bringen.

Sonja Schmolmüller
Frau macht Schule

Verlag INNSALZ, Munderfing 2017
Bild am Cover: Fotostudio Lackner-Strauss, Freistadt
Gesamtherstellung & Druck:
Aumayer Druck + Verlag Ges.m.b.H. & Co KG, Munderfing
Printed in The European Union

ISBN 978-3-903154-15-5

www.innsalz.eu

Sonja Schmolmüller

Frau macht Schule

INNSALZ

Für mein Patenkind Gabriel Leopold Amadeus und meine Schüler, Lehrer, Eltern und Kollegen von 1999 bis 2016 sowie jene Menschen, die mich im Zeitraum der Schulgründung und Schulleitung auf meinem Weg begleitet haben.

**„Man sieht nur mit dem Herzen gut,
das Wesentliche ist für die Augen unsichtbar."**
Der kleine Prinz. Antoine de Saint-Exupéry

Inhalt

VORWORT
Sonja Maria Schmolmüller

Eine Stille, die guttut und mich in mein Herz führt, Wolken über dem weiten Horizont – meine Heimat: das oberösterreichische Mühlviertel, in sich gekehrt und doch offen über uralte Wege und Pfade nach Norden, Osten, Süden und Westen.

Und meine Eltern. Ehrsam. Arbeitsam und fleißig. Mild der Vater. Der, der in das Herz schauen konnte und mein Herz bildete. Immer hatte er das große Ganze im Auge, als wäre die Weite der Landschaft in seiner Brust. Und die Mutter. Mutig, bestimmend, redselig, klar und manchmal unnachgiebig. Immer ein Ziel und neue Vorhaben vor Augen. Aber mit einem wesentlichen Lebensanker: Wir halten zusammen. Und: Jeder tut sein Bestes für sich und die Gemeinschaft.

Mein Bruder, meine beiden Schwestern und mein zweiter Bruder, der den plötzlichen Kindstod gestorben war. Und ich. Immer schon Brückenbauerin, Sprecherin, Verteidigerin und Anwältin meiner Geschwister und auch oftmals meiner Eltern.

Mitteilsam war ich schon immer. Und eine aufmerksame Beobachterin. Es gab kaum etwas, das meinen Augen entging. Gab es eine Herausforderung, entwickelte ich eine **kreative Lösung**, um das Problem aus der Welt zu schaffen, um Frieden zu erreichen. Und Lehrerin. Sei es bei meinen Tieren, dem Hund, der Katze, den Hasen, den Pferden und sogar den Kühen. Ihnen habe ich mit Tafel und Kreide das beibringen wollen, was ich in der Schule gelernt habe.

Und ich habe von meinen Eltern gelernt, dass es darauf ankommt, sich, seine Kraft und sein Vermögen zu kennen. Im Elternhaus lebten drei Generationen ein gemeinsames Leben: meine Großeltern, meine Eltern und wir Kinder. Täglich gab es neue Herausforderungen. Immer aber in gegenseitiger Achtung und Wertschätzung.

Das hat mich geprägt. Das bin ich. Auch noch heute. Und das ist die Grundlage meiner Idee von Schule:
* Ein Mensch ist der, der in und mit der Natur und in der natürlichen Ordnung lebt.
  • Grundlage für alles Tun ist die gegenseitige Achtung.
  • Auch Kinder tragen Verantwortung für das, was sie tun.

Lehrer sind jene, die beobachten, den Überblick bewahren können und den jungen Menschen, die ihnen anvertraut sind, helfen, „... es selbst zu tun".
Eine eigene Schule zu gründen, war recht früh mein sehnlichster Wunsch. Bestehende Systeme bzw. das bestehende System immer wieder zu reparieren, war nicht nach meinem Sinn. Ich sah, dass nur eine Veränderung das brachte, was ich mir unter Schule vorstellte.

Was sollte also Schule den jungen Menschen mehr bringen als die Fähigkeit und den Willen zur Selbstentfaltung? All das zu lernen, was in unserer heutigen Zeit notwendig ist. Werkzeuge zu kennen und verwenden zu lernen, die sich dazu eignen, im Leben und in der Gesellschaft zu bestehen, z. B. mit der Flut der Informationen zurechtzukommen, wie sie noch nie auf Menschen eingeströmt war, und vor allem mit der Geschwindigkeit, in der sich Wissen verändert und erneuert, klarzukommen.

Noch nie war der Unterschied zwischen Alten und Jungen größer als heute. Es leben noch viele Menschen, die in ihrer Kindheit kaum ein Telefon gekannt haben, und heute spielt ein Handy alle Stückerl, ist allgegenwärtig; Menschen, die in ihrer Kinderzeit noch keine Ahnung von einem Fernsehgerät gehabt haben, und heute verfolgen uns Bilder in jeder Lebenslage. Und dennoch ist es mehr denn je notwendig, dass die Generationen einander begegnen, sich achten und voneinander lernen.

All das ist meine Schule!
Die Vielfalt des Lebens.
Die Vielfalt der Menschen.
Die Vielfalt der Kreativität.
Die Vielfalt der Natur und der Technik.

Also: die Vielfalt des Hörens, Sehens, Fühlens, Denkens und Handelns.

Schule neu für das 21. Jahrhundert

Die Gesellschaft im 21. Jahrhundert verlangt eine Schule, die zum Wohle der Kinder, Pädagogen und Eltern ist.
Schule fürs 21. Jahrhundert muss von Grund auf verändert werden. Eine Veränderung ist angesagt. Und dies fordert neue Wege in der Schul- und Führungskultur, neue Rahmenbedingungen für Schüler, Lehrer und Leiter. Zugleich aber auch die Autonomie in der Schulleitung, Personalauswahl, Organisation und Pädagogik.

Die Lebensqualität und der Erfolg werden bereits in der frühen Kindheit bestimmt.
Jahrelang habe ich mich mit diesem Thema beschäftigt. Dann bin ich zur Erkenntnis gekommen, dass bestehende Strukturen schwer, langsam, träge und fallweise gar nicht zu verändern sind.

Wir dürfen nicht erst darauf warten, dass sich die Bildungspolitik ändert, sondern wir als Pädagogen, bildungsbewusste Experten, Eltern und beherzte Gönner müssen aktive Schritte setzen, damit **JETZT** eine Veränderung geschieht.

All meine Kraft, mein Können und die vorhandenen Ressourcen, vor allem meinen ganzen Mut habe ich aufgewendet, den Menschen bewusst zu machen, sie zu überzeugen und ihnen zu zeigen, dass Schule tatsächlich ein Ort des Friedens, der Lernbegeisterung, der Wertschätzung und des Erfolgs sein kann. *Damit die „Schulwelt" wieder ein Stückchen lebenswerter, fröhlicher und friedlicher wird. Davon nicht nur sprechen, sondern es **TUN.***

Lucien Jarno, 6 Jahre

Kapitel I:
Mein Weg
Mein Herzenswunsch, meine Vision, Ziele, Impulse –
Schulentwicklung und Umsetzung

Ich hatte ein besonderes Herzensanliegen, eine Vision zum
Wohle der Kinder und Pädagogen, deren Umsetzung einen
ganzen Abschnitt meines Lebens prägte.

Realisierung persönlicher Ziele und deren systematische
Umsetzung
Seit Anbeginn meiner Berufstätigkeit ist es mir ein Herzensanliegen, dass Schule weit mehr sein muss als ein Ort der Wissensvermittlung. Ich durfte oft erfahren, wie mühevoll es ist, wenn
Kinder und Jugendliche, von Schulängsten und Lernblockaden
geplagt, ihren Alltag bewältigen müssen.

> **„Wenn du liebst, was du tust, wirst du niemals in**
> **deinem Leben von Arbeit sprechen."** [1]

> **„In dir muss das brennen, was du in anderen**
> **anzünden willst."**[2]

Diese Zitate prägen mich seit Anbeginn meiner Berufstätigkeit
und beschreiben meine innere Haltung zum Lehrerberuf und
zur Schule – dass Schule tatsächlich ein Ort der Begeisterung
sein kann, dass Schule weit mehr ist als ein Ort der Wissensvermittlung. Mir war es immer ein Anliegen, dass SCHULE für
Lehrende, Lernende, Leitende, aber auch Erziehende, ein Ort der
Bereicherung und der Begeisterung sein sollte. TUN – ERLEBEN
– ERFAHREN – BEGREIFEN sollen im Vordergrund stehen,

---

1 Konfuzius
2 Augustinus

Lernende und Lehrende GEMEINSAM mit BEGEISTERUNG und mit ERFOLG lernen und gestalten.

Die Schulzeit prägt jeden Menschen.
Ich begleitete auch außerhalb der Schule Kinder aller Altersstufen beim Lernen. *Ich war – und bin nach wie vor – mit Leib und Seele im Unterrichten sowie Führen und Leiten von Pädagogen tätig. Mein Wohnzimmer und mein Garten zu Hause wurden in den Ferien zur Erlebniswelt für Schüler und auch Lehrer, die sich von mir Tipps und Impulse holten, um im Unterricht neue Ideen für den Schulalltag zu erhalten. Ja, es gibt viele Projekte und Aktivitäten, wo zwar nicht „Schmolmüller Sonja" draufsteht, doch „Schmolmüller Sonja" drinnen ist. Mein Know-how gebe ich an Kinder, Lehrer und Eltern sehr gerne weiter.*

Eltern schreiben
> *„Der Lehrerberuf und das Amt der Schulleiterin sind für Frau Schmolmüller keine Tätigkeiten, wie sie aus dem traditionellen Alltag einer Schule bekannt sind. Nein, sie lebt diese Aufgaben mit voller Begeisterung, vermittelt als Pädagogin den Schülern Wissen, macht Lerninhalte erlebbar und führt als Direktorin die Lehrer dahin gehend, dass sie ihnen Impulse gibt, damit sie ihren Unterricht zum höchsten Wohl der Kinder gestalten und jeden Schüler erkennen, unterstützen und erfolgreich zum Schulabschluss führen können."* *(Brief einer Mutter)*

Es ist mir immer wichtig, jeden Schüler, Lehrer und alle Eltern zu erreichen und die Persönlichkeiten dahinter zu erkennen, den wahren Kern des Menschen. Wenn es Herausforderungen gibt, nehme ich mir die Zeit – selbst wenn es außerhalb meiner Dienstzeit ist –, um eine passende Lösung für den Schüler und die Familie, aber auch die Lehrer zu finden, damit wieder mehr Freude am Lernen entsteht und sich Vertrauen und selbstbewusster Lernerfolg einstellen.

Somit war ich in verschiedenen Familiennetzwerken tätig. Ich begleitete Menschen aus allen Altersgruppen und sozialen Schichten. Sie holten sich bei mir Rat und Unterstützung, wenn es Probleme oder Unfrieden im Bereich Schule gab. Ich habe auch an vielen Schulentwicklungsaktivitäten, Arbeitskreissitzungen und sonstigen Besprechungen aktiv teilgenommen. Schon allein aus den Erfahrungen und Erlebnissen dieses Zeitraums wäre es möglich, mit meinen Aufzeichnungen ein ganzes Buch zu füllen.

Durch diese Tätigkeiten bekam ich einen tiefgründigen Einblick in die unterschiedlichsten Schularten und Schulstufen und konnte Schule aus dem Blickwinkel von Schülern, Lehrern, der Schulleitung und den Eltern erfahren. Mein Wunsch – mein Herzensanliegen – war immer, den Menschen zu zeigen und sie zu überzeugen, dass Schule wirklich ein Ort der Begeisterung und Freude sein kann und sein sollte, denn die eigene Schulzeit prägt jeden Menschen bis ins hohe Alter. Daher legen wir bereits ab dem Kindergarten und vor allem in der Volksschulzeit den Grundstein für den weiteren Erfolg und die weitere Lebensqualität jedes einzelnen Menschen fest. Diese Überzeugung wurde mir in den Vorbereitungsjahren zur Entwicklung der neuen Schule bestätigt. Daher suchte ich auch intensiv und systematisch nach Möglichkeiten, das System zu verbessern – mit der Erkenntnis, dass ein bestehendes System sehr schwer und sehr mühevoll zu verändern ist, solang die handelnden Personen nicht die Bereitschaft dazu zeigen. Jede Veränderung ist dann zum Scheitern verurteilt bzw. ausschließlich eine Interventionsmaßnahme.

Somit habe ich mein persönliches DENKEN, HANDELN und TUN verändert und mich auf den Weg gemacht, alles dafür zu tun, eine neue Schule zu entwickeln und Schule anders zu gestalten. Nur wir – als Erwachsene – können dafür die Verantwortung übernehmen, dass unsere Kinder und Jugendlichen Lebensfreude erfahren. Wir, die „Wegbereiter" unserer nächsten Generation,

und nur wir können sie am Weg des Erwachsenwerdens begleiten. Wir Eltern, Lehrer, Führungskräfte und Personen, die im
Bildungssystem Entscheidungen treffen. Wir alle sind „Lebensbegleiter" unserer Kinder und Jugendlichen. Die Verantwortung
liegt bei uns Erwachsenen.

Ein schönes Bild von den Beweggründen der Eltern, ihre Kinder in
unsere Schule zu schicken, geben folgende Antworten: „Mein Kind
soll mit Begeisterung lernen und gerne zur Schule gehen." / „Die
Lernfreude soll erhalten bleiben." / „Mein Kind soll gute Lehrer
haben, die individuelles Lernen ermöglichen." / „Mein Kind soll
jetzt ein Werkzeug für das spätere Leben mitbekommen."

Als Rückmeldung auf die eigene Schulzeit äußerten die Eltern:
*„Hätte ich so eine Institution gehabt, wäre ich auch gerne in
die Schule gegangen und hätte sicherlich eine ganz andere Erin-
nerung daran."* (Auszug aus dem Forschungstagebuch: In 103
Elterngesprächen war diese Antwort bei allen Eltern zu hören.)

Eltern berichten

*„Unser Sohn besuchte die 1. Schulstufe in einer öffentlichen Schule
und er war dort sehr traurig. Er hatte im Kindergarten schon
freiwillig gerechnet – und dann kam er in die Volksschule und da
wurde dann wochenlang das Gleiche gemacht, und das war für
ihn eine Unterforderung! Unser Sohn hatte im Kindergartenalter
schon die Buchstaben kennengelernt und der Schuleintritt in die
Vorschule war eigentlich ein Rückschritt. Wir konnten unseren
Sohn nicht mehr dort lassen. Dann haben wir vom neuen Schulkonzept und der Privatschule von Frau Schmolmüller gehört. Wir
haben sogleich den Termin zu einem Erstgespräch mit der Direktorin wahrgenommen und uns zu diesem Zeitpunkt, als sie uns das
pädagogische Konzept vorstellte, schon entschieden, unser Kind in
dieser Schule anzumelden.
Wir haben dann während des Schuljahres gewechselt, und er*

begann in der 1. Schulstufe an der neuen Schule mit dem Namen MeineSchule1 – für uns und ihn wurde Schule endlich wieder leichter und wir durften wieder seine Lernbegeisterung erleben. Wenn man für sein Kind das Beste will, sollte man es in die MeineSchule1 geben. Dort können sich die Kinder entfalten, sie lernen mit allen Sinnen, es wird individuell auf die Stärken und Schwächen eingegangen. Es gibt jeden Tag Bewegungseinheiten und sie lernen fürs Leben wichtige Dinge und noch vieles mehr. Unser Sohn ist so dankbar für diese Schule. Dort hat er gesehen, wie schön Schule sein kann. Ich wollte damals in der öffentlichen Schule meine Kritik äußern, aber das wurde dort nicht gerne gesehen. Die Eltern sollten sich raushalten. Hier ist das anders, hier werden wir über alles verständigt und alles wird uns erklärt. Unser Sohn ist in der kurzen Zeit hier in der Schule groß geworden, er ist selbstständig geworden! Ich hoffe, dass sich die Schule ganz toll weiterentwickelt und viele neue Eltern und Kinder dazu stoßen." *(Aus dem Interview mit einer Mutter)*

„Ich habe in meiner Schulzeit nicht gelernt, mich selbst zu organisieren. Ich musste das dann in der Jugend und im Erwachsenenalter knallhart nachholen, damit sich mein beruflicher Erfolg einstellte – und all das lernt mein Kind schon hier in der Meine-Schule1!" *(Rückmeldung beim Elternerstgespräch mit einem Vater)*

Zugleich kristallisierte sich in den Gesprächen heraus, welche Vergangenheit oder Geschichten hinter der eigenen Schulzeit stecken. Wie viele Ängste zum Thema Schule schon bei den Eltern liegen, da sie selbst eine nicht so gute Erfahrung mit Schule und Lehrern gemacht haben. Durch die Offenheit der Gesprächsführung öffneten sich die Personen und erzählten mir ihre persönlichen Erfahrungen aus der eigenen Schulzeit. Es war phänomenal, was ich alles zu Ohren bekam, und auch oft schockierend, denn diese Erzählungen bestätigten wiederum meine Erfahrungen, die ich hinter der Fassade Schule erleben und durchleben musste. An manchen Tagen kam ich mir vor wie eine Therapeutin.

Auch aus Steinen, die einem in den Weg gelegt werden, kann etwas Schönes gebaut werden.[3]

Für viele Menschen war es eine kaum nachvollziehbare Sache und auch eine Überforderung, dass es eine junge Frau gab, die sich ohne fremden Auftrag auf den Weg machte, ein neues Schulkonzept zu entwickeln und eine Schule zu gründen. Viele glaubten es kaum, dass ein Mensch sein berufliches und privates Leben systematisch so veränderte und umgestaltete, damit dieses Konzept realisiert wurde. Jahrelang arbeitete ich daran, um mein Herzensanliegen Wirklichkeit werden zu lassen.

Auf dem richtigen Weg ist, wer sein Ziel nie aus den Augen verliert.

Eine Vision kann nur dann Wirklichkeit werden, wenn Zielklarheit und Teilpakete schrittweise entwickelt und realisiert werden. Ich verglich und analysierte wissenschaftliche Forschungen und Grundlagen und studierte Gesetzestexte, um genau zu wissen, wie die behördlichen Schritte eingeleitet werden mussten, welche Amtswege ich zu gehen hatte und welche Anforderungen erfüllt werden mussten, um die neue Schule mit öffentlicher Anerkennung gründen zu können.

Von diesem Vorhaben erzählte ich ausschließlich meiner engsten Familie, denn ich wollte das Vorhaben erst dann präsentieren, wenn alle Vorbereitungen für die Schulstartphase geleistet worden waren und die Schule behördlich installiert war. Sie können sich vorstellen, welche Phänomene auftreten, wenn man Pionierarbeit leistet. Zu Beginn kommt immer die Sturm-und-Drang-Phase der Kritiker und Besserwisser oder Großredner. Meine Einstellung: Nicht mehr reden, sondern es tun! Und ich wusste zu diesem

---

3 Johann Wolfgang von Goethe

Zeitpunkt ganz genau, was die neue Schule brauchte. Ich wollte es mir nicht mehr zumuten, dass all diese positive Kraft und die Arbeit, die ich geleistet hatte, durch „Zerreden oder Besserwisserei" negiert, blockiert oder gar zerstört wurden. Somit machte ich mich auf den Weg, um Antworten für die neue Schule zu finden und ein neues, ganzheitliches und gesundes Bildungssystems/ Schultyp zu entwickeln. Der pädagogische und organisatorische Ansatz sowie eine wertschätzende Kultur zum Leiten einer Schule und dem Führen von Pädagogen und Schülern waren mir wichtig. Die Raumanforderungen einer Schule fürs 21. Jahrhundert sollten ganzheitliche Ansprüche erfüllen, damit gehirn- und gedächtnisgerechtes Lernen mit allen Sinnen gegeben ist. Ein Schulhaus offen, frei, kreativ und lebendig zu gestalten, Lernräume zu schaffen, die einen ganz anderen und neuen Anspruch erreichen, ein Haus, worin man sich auch räumlich geborgen fühlt, worin helle, große Räume, bunte Wände und schöne Lernräume vorhanden sind – all das wollte ich.

Zu diesem Zeitpunkt boomte das Thema Schulentwicklung unter Bildungsexperten, die Millionenbeträge für Schulentwicklung verbrauchten, um motivierende Beiträge zu liefern, damit der Menschheit bewusst wird, dass im Bildungssystem tatsächlich eine Veränderung notwendig ist. Somit wuchsen die Interventionsmaßnahmen und Projekte schossen nur so heraus, die hohe Kosten verursachten und unser gesamtes Staatsbudget belastet haben.

„Ich baue kein Haus, sondern ich gestalte Schule."

Da ich auf keine Förder- oder Forschungsgelder hoffen durfte, fasste ich den Entschluss, meine eigenen Ressourcen zur Verfügung zu stellen, um diese Schule ins Leben rufen zu können.

Zugleich habe ich all die Jahre die Menschen, insbesondere Führungskräfte der Bildungspolitik, beobachtet und dokumentierte ihre Aussagen zum Thema Schule. Mit der Frage „Was braucht eine zukunftsweisende Schule?" stellte ich das Fundament des neuen Konzepts meiner Schule jenen Menschen vor, die sich öffentlich mit Bildungsfragen beschäftigten. In diesen Gesprächen ging es um Finanzierungsmöglichkeiten.

In den Unterhaltungen ging es um Forderungen der Wirtschaft mit den spannenden Diskussionspunkten und Fragen:

- Wer soll die Hauptverantwortung für Schule tragen?
- Soll die Schule vom Staat entkoppelt werden?
- Sollen Wirtschaft und Industrie Verantwortung für die Schulbildung übernehmen?
- Welche Schulentwicklungsmaßnahmen sollen geschaffen werden?
- Wie können professionelle Lerngemeinschaften in Schulen installiert werden?
- Welche Rahmenbedingungen braucht eine zukunftsweisende Schule?
- Was kann getan werden, damit die Schulqualität gesteigert wird?
- Welche Autonomieregelungen für Einzelschulen können vergeben werden? Kann in Zukunft der Schulleiter sein Kollegium selbst auswählen?

Es wurden zeitgleich neben bildungspolitischen Diskussionen und der pädagogischen Freiheit auch ökonomische Zusammenhänge diskutiert: Welche Steuerungskonzepte, Ressourcen und Finanzierungen brauchen Schulen? Wann arbeitet eine Schule wirtschaftlich? Wo sind die Prinzipien der Wirtschaftlichkeit verankert? Alle diese Fragen wurden heftig diskutiert, um eine Lösung zu finden.

Als ich damals das Konzept zur neuen Schule vorstellte, haben dieses Vorhaben alle begrüßt, doch wenn es dann darum ging, ein solches Projekt auch finanziell zu unterstützen, gab es eine Kernaussage: „Leider haben wir hier nicht die Möglichkeit, so etwas zu unterstützen." Ich habe zu diesem Zeitpunkt die Menschheit nicht mehr verstanden. Es wird jahrelang nach einer umsetzbaren Lösung gesucht, aber wenn dann jemand wirklich ein neues Konzept hat, das aus der Schulpraxis stammt und auch eine Fundiertheit in Wissenschaft und Forschung aufweist, wird nicht mal darüber nachgedacht und die Antwort lautet: „Dazu haben wir leider keine Möglichkeit."

Unterstützer sprechen

„Warum ich diese Innovation unterstütze und mich auch dafür engagiere, ist, weil ich finde, dass es an der Zeit ist, eine Veränderung im Bildungswesen herbeizuführen. Und durch die vielen Wege, die meine Lebenspartnerin im Schulwesen gegangen ist, durfte ich wahrhaftig miterleben, wie schwer es ist. Ich erkannte auch, dass wir nicht erst darauf warten dürfen, dass die Politik eine Verbesserung erzielt, denn dann warten wir noch lange. Zugleich ist es an der Zeit, auch bewusst zu machen, dass Wirtschaft und Industrie zur Schulbildung unserer Kinder gehören – also die nächste Generation in diesen Bereichen Verantwortung übernehmen muss. Wir sprechen von Sozialmarketing! Aber warum ist es dann so schwer, dass man für ein neues Schulkonzept, so wenige wirkliche Unterstützer findet? Eines habe ich in dem Zeitraum, in dem ich als Unterstützer dieser Schule tätig bin, gelernt und erfahren: Die Menschheit gibt viel Geld für Vieles aus, es wird in alle Richtungen investiert, und es werden auch hohe Sponsorengelder für die Bereiche, Sport, Kunst und Kultur ausgegeben. Doch die Offenheit, um finanziell eine Schule zu unterstützen, fehlt noch." (Interview mit dem Geschäftspartner, Unterstützer der neuen Schule und Lebenspartner der Schulgründerin)

Grundsätzlich muss betont werden, dass Schule mit keinem regulären Wirtschaftsbetrieb verglichen werden kann. Die Outputs sind nicht in Eurobeträgen bewertbar und Cashflows rechnen sich über andere Werte. Wir investieren in die nächste Generation. Die

Ausgaben decken lange nicht die Einnahmen, doch tragen sie zur weiteren Lebensqualität einer Gesellschaft bei.

„Drei Dinge sind uns aus dem Paradies geblieben: die Sterne in der Nacht, die Blumen des Tages und die Augen der Kinder." [4]

Die Finanzierung langfristig zu sichern, war lange ein Sorgenkind. Ich und die Schule wurden schließlich von einer Gesellschaft entdeckt, die vom Schulkonzept überzeugt war und das Potenzial erkannte. Die Idee und der Geldgeber hatten sich gefunden. Es kam eine Kooperation mit einer neuen Menschengruppe zustande, welche die anfallenden Kosten decken konnte und wollte. Wir bildeten eine neue Form des Schulerhalters und auch der Standort änderte sich. Das waren Forderungen, um, langfristig gesehen, die Schule in eine finanzielle Stabilität zu führen. Ich traf die Entscheidung, diesen Weg zu gehen, zum Wohle der Schule – also der Kinder, Eltern und Mitarbeiter.

„Wenn einem viel das Leben gibt, man deshalb sehr das Geben liebt."

Ein besonderes Dankeschön gebührt jenen Personen, die mich und die neue Schule ab der Gründungsphase förderten. Ein besonderes Dankeschön auch meinem Lebenspartner, der mich unterstützte, damit wir die anfallenden Kosten zeitgerecht decken konnten.

Weiters möchte ich mich bei meinen Eltern und Geschwistern bedanken, die uns mit freiwilligen Spenden unter die Arme griffen, und vor allem bei denen, die an meine Umsetzung glaubten, mich immer wieder in herausfordernden Zeiten mental bestärkten, damit ich mich nicht beirren, ablenken oder aufhalten ließ.

---

4 Dante Alighieri

Ein Dankeschön ebenfalls an die Unternehmer und Privatpersonen, die uns in der Einrichtungsphase mit Materialspenden und Geldspenden unterstützt haben. Ein besonderes Dankeschön an meine Herzensfreunde, die treue Mitglieder des Schulvereins sind und ihr Talent und ihre Fähigkeit eingebracht haben. So haben wir neben einem kunstvoll gestalteten Schulhaus auch lebensnahe und erlebnisreiche Projekte mit dem Fokus auf „Generationenlernen" im Schulalltag realisiert, die für Schüler, Lehrer und auch Eltern sehr bereichernd waren. Danke schön nochmals von Herzen!

Besonders bedanken möchte ich mich bei allen Kindern, die mit mir im Zeitraum der Konzeptentwicklung zusammenarbeiteten und auch aktive Beiträge in Workshops geliefert haben. Ein besonderes Dankeschön an mein Patenkind „Gabriel", der mich im Zeitraum der Schuleinrichtungsphase immer wieder mit seinem Feedback bestärkte: „Ich freue mich schon so auf diese Schule!" Er ließ mich auch an seiner Wahrnehmung von Einzelheiten der Schuleinrichtung teilhaben: „Da brauchen wir unbedingt eine gelbe Wandfarbe!" oder „Die Wandmalerei ist so schön" oder „Ja, auf den Schulmöbeln sitze ich sehr gut — und das brauchen Kinder wirklich zum Lernen."

Seine Geburt bestimmte die Zeitleiste in der Schulstartphase und sein Heranwachsen war ein weiteres Motiv, täglich dafür zu sorgen, dass ich auf Kurs blieb.

„Investition in die Bildung bringt noch immer die besten Zinsen." [5]

- Ich stellte mir immer wieder folgende Fragen:
- Wollen Entscheidungsträger etwas in der Schule verbessern?
- Liegt ihnen das Wohl der Kinder am Herzen?
- Stehen Kinder im Mittelpunkt von Zukunftsentscheidungen?

---

5 Benjamin Franklin

- Ist es erwünscht, dass Kinder zu kritischen und selbst denkenden jungen Menschen heranwachsen und fähig werden, Prozesse zu analysieren und zu durchleuchten? Ist das wirklich gewollt?

Transfer der Theorie in die Praxis

Unterstützende Instrumente für die Umsetzung – Forschungstagebuch, Tätigkeitsprotokolle zur eigenen Arbeit und Reflexionsbögen über Projekte, Portfolios über Gesprächsnotizen, Gesprächsprotokolle und ein Interviewleitfaden, Telefonprotokolle und Aktenvermerke – halfen mir sehr, lieferten mir wertvolle Informationen zur Schulkonzeptentwicklung. Es konnten die Informationen von Gesprächen und Interviews analysiert und gefiltert werden. Vereinbarungen konnte ich jederzeit nachlesen. Zugleich gaben mir diese Instrumente für die Umsetzung Transparenz, Orientierung, Sicherheit und Halt. Ich konnte jederzeit nachvollziehen, welches die Inhalte von Gesprächsterminen oder mündlichen Vereinbarungen waren. Und gab es einen kritischen Zeitpunkt, dann konnte niemand eine Aussage von oder Vereinbarung mit mir widerlegen. Ich hatte Informationen darüber, was wer wann mitgeteilt hatte.

Aus vielen Teilen der unterschiedlichen Sachverhalte des Lebens entsteht erfahrungsgemäß ein großes Ganzes: in diesem Fall das pädagogische und organisatorische Konzept des neuen Schultyps mit dem Konzeptnamen MeineSchule1.

*Die Konzeptelemente zur neuen Schule stammen aus den Erfahrungen der Schulpraxis, Lern- und Organisationsforschung. Die wissenschaftlich dokumentierten Ergebnisse aus der langjährigen Schul- und Organisationspraxis und die neuesten Forschungserkenntnisse der modernen Zeit, wie beispielsweise ganzheitliche Pädagogik, Gestalt- und Erlebnispädagogik, Neurobiologie, Bildungsmanagement und Schulentwicklung, Organisationsforschung und Gesundheitsmanagement, mündeten in den neuen Schultyp mit dem Namen **MeineSchule1** – Schule neu fürs 21. Jahrhundert.*

Das Fundament

*Das neue Schulkonzept ist eine **neue** Generation von Schule, ein neuer Schultyp, um unseren Kindern eine zukunftsweisende und lebensnahe Schulbildung in der allgemeinen Pflichtschulzeit zu ermöglichen und das Fundament für ein Lernen mit Begeisterung, gehirngerechtes und lebensnahes Lehren und Lernen tatsächlich zu praktizieren.*

Warum die Gründung einer privaten Einrichtung – einer Privatschule mit Öffentlichkeitsrecht (Statutschule)? Aufgrund der derzeitigen Strukturen ist es nur möglich, dieses neue Schulkonzept – meine Idee von Schule – über eine private Schule oder im Kontext eines häuslichen Unterrichts den Kindern und deren Eltern zugängig zu machen.

Zeitleiste zur Gründungsgeschichte

2007-2010	Schul- und Unterrichtsforschung
2011	Schulentwicklung und Konzeptfertigstellung
2012-2013	Gründung des Schulvereins MeineSchule1
	Errichtungsanzeige zur Schulgründung beim LSR OÖ
	Genehmigung des Organisationsstatuts
	Vorbereitungen zur Schulstartphase
	Einrichtung des Schulhauses
	Schulstart mit September 2013
2013-2015	Lehrerausbildung und -qualifizierung im neuen Konzept
September 2015	Standortwechsel und neuer Schulname
Februar 2016	Übergabe der Schulleitung

Die Privatschule mit dem Namen MeineSchule1 wurde im Kalenderjahr 2012 in St. Martin bei Traun gegründet. 2013 startete die Privatschule mit der ersten Klasse und erweiterte sich jedes Schuljahr um eine Schulstufe. Die Privatschule hat das Öffentlichkeitsrecht für die jeweiligen Schuljahre erhalten und etablierte sich als „Pionierschule". Im September 2015 bekam die Schule einen neuen Namen, Schulerhalter und Standort und erreichte in ganz Linz Bekanntheit.

Nachdem meine Pionierarbeit getan und das Fundament zur Umsetzung gelegt war – „Schule mit Begeisterung und Erfolg leben zu lassen" –, übergab ich im Februar 2016 die Schulleitung. Mittlerweile gibt es vier Schulstufen.

Allgemeines zum Konzept: vergleichende Pädagogik

Das Gesamtkonzept ist eine neue Generation von Schule. Eine neue Gestaltung in der Leitungsfunktion, der Personalführung und Organisationsentwicklung, in der Schul- und Unterrichtsgestaltung sowie neuer Werte, um unseren Kindern eine zukunftsweisende und lebensnahe Schulbildung in der allgemeinen Pflichtschulzeit zu ermöglichen. Damit werden das Lernen mit Begeisterung sowie gehirngerechtes und lebensnahes Lehren und Lernen tatsächlich praktiziert. Eine neue Zusammenschau vieler Reformbewegungen.

Im Laufe des Schulbetriebes haben wir die Prozesse in den Gründungs- und Startjahren reflektiert, weiterentwickelt und weitere Prozesse aufgebaut. Meine Überzeugung hat auch bestätigt, dass es eine absolute Notwendigkeit ist, sich von starren Strukturen sowie Wertebildern zu lösen.

Rückmeldung aus der Praxis und für die Praxis

Eltern sprechen

> *„Unser jüngster Sohn geht in die dritte Klasse. Er ist total glücklich. Für uns war die Schulzeit nicht so schön. Wir hätten uns so eine familiäre Schule, wie sie heute mein Sohn besucht, als Kinder*

immer gewünscht: ein modernes und offen gestaltetes Schulhaus mit großen hellen Räumen, Wänden mit kunstvoller, kindgerechter Wandmalerei und viel Platz und Bewegungsfreiraum. Und noch dazu eine Schule, die liebevoll dekoriert und so wertschätzend geführt ist. Chaos und Unordnung findet man hier nirgends. Wir würden sagen: ein professionell gestalteter und geführter Lebensraum für Kinder und Pädagogen, mit einem wohligen Charakter. Wenn man dieses Schulhaus betritt, geht einem das Herz auf."

„Uns wurde MeineSchule1 von einer Bekannten empfohlen. Wir haben dann den Termin zu einem Erstgespräch mit der Direktorin wahrgenommen und uns dazu entschieden, unser Kind in dieser Schule anzumelden. Ich weiß es noch gut, wie uns damals viele diese Idee ausreden wollten. Das ging sogar so weit, dass uns die Direktorin der Sprengelschule angerufen hat, ob wir unser Kind schon dorthin gegeben hätten. Sie meinte, man wisse ja nicht, ob diese Schule wirklich eine Zukunftschance habe. Mein Mann und ich haben es immer toll gefunden, dass jemand mal den Mut hatte und wirklich eine gute Sache zum Wohle der Kinder machte. Garantie kann man natürlich nicht von außerhalb beeinflussen und die kann einem auch niemand anderer geben. Wir sind ja nicht hellsichtig und ein 100-prozentiges Versprechen, dass etwas sicher ist, kann niemand geben. Zugleich fand ich es traurig, wie schrecklich oft Neid und Machtgedanken herrschten. Warum wird ein Mensch geprügelt, der einen neuen Weg beschreitet? Uns gefällt das Konzept von Frau Schmolmüller so gut, Kindern Werkzeuge fürs Leben mitzugeben, jetzt schon ab der ersten Klasse, und die Begeisterung für Neues im Lernen leben zu lassen. Im Grunde genommen bin ich davon überzeugt, dass sich jede Familie, jede Mutter, jeder Vater eine solche Schule wünscht, und ich bin sicher, würde es kein monatliches Schulgeld geben, würde diese Schule vor Anmeldungen explodieren."

Kinder sprechen

„Ja, Mama, in diese Schule möchte ich unbedingt gehen, und ich freue mich jetzt schon auf den ersten Schultag!" (Rückmeldung eines Schuleinschreibers)

Das wertvollste Kapital der Zukunft sind unsere Kinder und Jugendlichen.

In diesem Kapitel gebe ich Ihnen einen Auszug aus einer von vielen wissenschaftlichen Arbeiten, die ich im Zeitraum der Schulentwicklung geschrieben habe, um Expertenwissen zu betrachten.

Sind Sie interessiert, dieses Thema näher zu betrachten und mehr darüber zu erfahren, dann können Sie der Fußzeile die dazu verwendete Literatur entnehmen und im Anhang finden Sie weiterführende Literatur zu diesem Thema.

Schulentwicklung: ein weltweit diskutiertes Thema

Die PISA-Studien haben in der Bevölkerung der europäischen Länder das Bewusstsein für die Output-Orientierung (Outcomes beim Lernen) der Schule geschärft. Wissenschaftler, Politiker, Pädagogen, pädagogische Experten und Eltern interessieren sich immer mehr für die Lernergebnisse der Kinder und Jugendlichen sowie die Aktivitäten in der Schul- und Unterrichtsentwicklung, um eine höhere Qualität in Schulen und im Unterricht zu erreichen.

„Wie müsste die Schule von morgen für Schülerinnen und Schüler von heute sein? Hinter dieser Frage verbirgt sich das, was als größte Distanz in der Schulpolitik bezeichnet wird, nämlich die Distanz zwischen dem, was Entscheidungsträger zur Verbesserung der nationalen Bildungssysteme in ihre Programme (policies) schreiben, und dem, was in den Köpfen von Schülerinnen und Schüler vorgeht (practice)." [ ] Daher sollte auch die Gestaltung von Schule und Unterricht vom Lernen junger Menschen her (neu) gedacht und umgesetzt werden."[6] Die Botschaft von Michael Schratz und Tanja Westfall-Greiter (vgl. 2010) ist auch, dass die Schulleitung, die Pädagogen und die pädagogischen Experten vor der großen Herausforderung stehen, Schule

---

6 Schratz/Westfall-Greiter 2010, S. 12

neu zu denken und zu gestalten, um so „sinnvolle Prozesse von Qualitätssicherung"[7] zu ermöglichen.

„Einigkeit herrscht in allen Studien darüber, dass der Erfolg für erfolgreiche Bildungsprozesse und entsprechende Schülerleistungen von einer hohen Selbstwirksamkeitsüberzeugung des Kollegiums abhängt."[8] Die Forderung von Michael Schratz und Tanja Westfall-Greiter (2010) zum Thema „Schulqualität sichern und weiterentwickeln" ist auch: „Um Lehrerinnen und Lehrer als Profis von Schule und Unterricht bei ihrer Entwicklungsarbeit zu unterstützen, ist es erforderlich, vorhandene Potenziale und Talente, Innovationsgeist, Kreativität, Wissen und andere Schlüsselqualifikationen zu entwickeln und zu fördern." [9]

Wie wichtig ist Qualität im Bildungswesen?

„Hängt nicht letztlich alles am Geld? [ ] Zuletzt geht es um Geld. Für wie wichtig einem Gemeinwesen das Bildungssystem ist, kommt nicht zuletzt darin zum Ausdruck, wie viel es in der Lage und bereit ist, an Mitteln zu investieren."[10] „Wollen wir unseren Kindern eine gute Schulbildung geben, müssen wir uns von alten Denkmustern lösen und Schule vom Lernen junger Menschen her völlig neu denken. Alle Schulpartner – Lehrende wie Lernende und ihre Eltern – sind gefordert, den Schritt zu machen vom ‚Ich und meine Klasse' zum ‚Wir und unsere Schule'." [11]

„The missing resource link: Wie wichtig ist Geld für die Qualität des Bildungswesens? Die Frage nach den wirksamen Investitionen ist in der Tat sehr komplex."[12] Seit den 1990er-Jahren beschäftigen

---

7 Schratz/Westfall-Greiter 2010, S. 10
8 Schratz/Westfall-Greiter 2010, S. 136
9 Schratz/Westfall-Greiter 2010, S. 138
10 Fend 2008, S. 128.
11 Schratz/Westfall-Greiter 2010. Statement am Buchcover.
12 Fend 2008, S. 129

sich mit dieser Frage viele Bildungsökonomen, um Antworten zu erhalten. Und Helmut Fend führt weiter aus: „Globale Investitionen nach dem **Gießkannenprinzip** sind offensichtlich **nicht** in allen Fällen **sinnvoll**. [...] Die PISA-Ergebnisse legen nahe, dem Eingangsbereich des Bildungswesens, dem Kindergarten und der Grundschule mehr Beachtung zu schenken, als dies bisher der Fall war."[13]

Ein Kontinuum an Erfahrungen, Recherchen, Berichten, Studien von Expertenwissen und Lebenspraxis?!

Resümee: Die Realisierung braucht das TUN in der Praxis – die Umsetzung.

Die vielen Erfahrungen und Beobachtungen in meiner Berufspraxis zur Schule, zum Lehren und Lernen und auch zur Schulleitung im Vergleich und als Bestärkung in Anlehnung an die empirischen Studien, Berichte und fundiertes theoretisches Expertenwissen führten mich zu folgender Erkenntnis hinsichtlich der Entwicklung einer neuen Schule. Damit Schule ein Lebensraum für Kinder wird, in dem sie sich entfalten können, bilden diese Parameter die Grundlagen der Schulkonzeptentwicklung, um „Schule neu zu denken und zu realisieren".

- Schule braucht freies und selbstständiges Handeln und Steuern in der Schulleitung und darf nicht vom Staat gedacht, gelenkt und verwaltet werden.
- Schule ist Lebensraum und Entfaltungsort für Kinder.
- Veränderung der Klassengrößen
- Autonomie in der Personalauswahl
- Ausreichend qualifiziertes pädagogisches Personal
- Anspruch an das Schulhaus und die Räumlichkeiten
- Lebensnahe Lehr- und Lernmittel sowie Projekte
- Ausreichende Gelder für Betreuungsmöglichkeiten

---

13 Fend 2008, S. 130

Diese Ressourcen waren grundlegende Elemente zur Neuentwicklung des neuen Schulkonzepts und sind meiner Meinung nach in Zukunft als bedeutende Investitionsziele zu sehen und zu empfehlen, sodass Individualisierung und Differenzierung in den Schulen ermöglicht werden bzw. damit professionelle Lerngemeinschaften an den Schulen leben und qualitatives sowie nachhaltiges Lehren und Lernen erreicht werden können. Das Fundament ist dann gefestigt, wenn Schule als eine ganzheitliche und gesunde Organisation erlebt und erfahren wird.

Einblicke in Experteninterviews

Meinung und Überzeugung eines Pionierunternehmers zur Schulbildung / Resümee über eines von vielen geführten Experteninterviews zum Thema „Schule der Zukunft"

Ausgangssituation:

Die Befragung wurde anhand eines Leitfadeninterviews durchgeführt. In diesem Kapitel möchte ich Ihnen dieses Expertengespräch skizzieren.

Ziel unseres Termins war einerseits, das Kompetenzprofil und Leitbild des neuen Schulkonzepts für das 21. Jahrhundert vorzustellen, und andererseits, einen Vergleich darüber anzustellen, welche Qualifikationen Unternehmen im 21. Jahrhundert brauchen.

Frage 1: Was kann das neue Schulkonzept für Unternehmer im 21. Jahrhundert leisten? Welche Qualifikationen brauchen zukünftige Mitarbeiter?

Oben denken und planen, unten ausführen und abarbeiten – das war das Organisationsprinzip des Industrie- und Dienstleistungszeitalters. In einer Zeit, in der Veränderungen seltene, außergewöhnliche Ereignisse waren, war dies das optimale Modell – Ereignisse, die man am besten schnell erledigte, um danach möglichst rasch wieder in den Normalbetrieb übergehen zu können. Es war eine Zeit, in der man an die Vorhersehbarkeit und Planbarkeit der Dinge glaubte. Man müsse nur genau genug planen und danach einfach Sorge tragen, dass alle exakt nach Plan arbeiteten. Abweichungen und Fehler waren hier nur Störquellen, die es auszumerzen galt.

Diese Zeit ist definitiv vorbei. Wir stehen am Beginn eines neuen historischen Abschnitts: der Wissensgesellschaft. Globalisierung und Digitalisierung verändern unsere Wirtschafts- und Arbeitswelt fundamental. War früher Wissen noch gleichbedeutend mit Macht, so ist Wissen heute für jeden frei zugänglich. Ein Griff zum Smartphone genügt, um einfaches Oberflächenwissen jederzeit und überall abrufen zu können.

Das 21. Jahrhundert ist von hoher Dynamik und Komplexität geprägt. Der Versuch, dieser Dynamik mit klassischen Management- und Organisationsmethoden Herr zu werden, die auf dem Prinzip des Planens, Kontrollierens und Steuerns beruhen, ist vergebliches Bemühen und letztlich Vergeudung von Zeit, Ressourcen und Potenzialen.

Die Zahl der Unternehmen, die dies erkannt haben und neue Wege gehen, nimmt rapide zu. Man findet sie heute nicht mehr nur im Silicon Valley, sondern mittlerweile auch in der Alpenrepublik. Das Besondere an diesen Betrieben: Sie haben gelernt, die Arbeit, Zusammenarbeit und den Umgang mit Wissen neu zu organisieren – und zwar in einer Art und Weise, die es ihnen ermöglicht, aus der hohen Dynamik und Komplexität einen Nutzen zu ziehen.

Anstelle des Planens herrschen in diesen Organisationen die Prinzipien des Tuns und agilen Handelns. Das Wissen – und damit auch die Macht – wird nicht mehr gehortet, sondern geteilt, das Ziel ist hier Vervielfachung. Abweichungen und Fehler werden in diesen Organisationen nicht als Störfaktoren angesehen, sondern als weitere Quellen, die Lernen und Weiterentwicklung ermöglichen.

Auch der Umgang mit dem Thema Vielfalt ist in diesen Unternehmen grundlegend anders. Versuchte man in den Firmen des alten Schlags noch, alles zu strukturieren, einzuordnen und zu standardisieren, so wird in den heutigen Pionierunternehmen der Wissensgesellschaft Diversität als Quelle für Kreativität und Innovation angesehen und gezielt gefördert. Und genau davon braucht es künftig noch mehr.

Notwendig hierfür sind jedoch Mitarbeitende, die völlig andere Qualifikationen und Fähigkeiten mitbringen, als dies früher der Fall war. Nicht mehr das Ausführen und das Abarbeiten gehören zu den Schlüsselqualifikationen, sondern die Fähigkeit zu kreativer Problemlösung gemeinsam mit anderen. Dies macht weitere Eignungen notwendig. Hierzu zählen die Gabe, mit Ungewissheit und Vielfalt konstruktiv umzugehen, sowie das Talent zu eigenverantwortlichem Denken und Handeln.

Betrachtet man die Unternehmen, welche die Zukunft schon heute leben, so sehe ich darüber hinaus einen weiteren ganz wesentlichen Unterschied zu den Organisationen des herkömmlichen Typs: Sie haben es gelernt, sich mit anderen Menschen und Gruppierungen auf Augenhöhe zu vernetzen, um so eine Intelligenz besonderer Art nutzbar zu machen: die kollektive Intelligenz.

In vielen dieser Pionierbetriebe lässt sich daher feststellen, dass sie kulturell das auf Konkurrenz beruhende Egoprinzip durch eine auf Kooperation und Vertrauen beruhende Gemeinschaftlichkeit ersetzen. Und das ist sehr clever, denn die Herausforderungen der heutigen Wissensgesellschaft sind so komplex und dynamisch, dass sie von Einzelnen nicht mehr gelöst werden können. Es braucht daher die Kreativität und das Engagement vieler, möglichst unterschiedlicher Menschen.

All diese Entwicklungen haben zur Folge, dass wir völlig neue Schulkonzepte benötigen. Schulkonzepte des alten Schlags, deren primäres Ziel die Förderung individueller Leistung ist, sind nicht zukunftstauglich. Stattdessen braucht es solche, die es unseren Kindern ermöglichen, sich zu aktiven, reflektierten und eigenverantwortlichen Persönlichkeiten zu entwickeln. Persönlichkeiten, die zu kooperativer Vernetzung und Zusammenarbeit fähig sind. Notwendig hierfür sind selbstverständlich Schulen, die diese Prinzipien und Werte selbst authentisch vorleben.

Frage 2: Warum ist es notwendig, dass auch die Wirtschaft – also Unternehmer oder die Industrie – Verantwortung für die Schulbildung im 21. Jahrhundert übernimmt?
Die Herausforderungen unserer Zeit kann niemand alleine lösen. Dies gilt auch, wenn es um die Frage nach der Bildung und Entwicklung unserer Kinder geht. Gesellschaft, Wirtschaft und Schule bedingen

einander. Dies macht Vernetzung und Kollaboration zwischen den Institutionen notwendig. Wichtig hierbei ist jedoch, dass dies auf Augenhöhe geschieht.

Schlussfolgerung

Warum ist es gerade jetzt nötig, dass „Schule – Schulbildung" neu gestaltet werden müssen? Was bedeutet das für eine moderne Wirtschafts- und Wissensgesellschaft?

Schule, so wie wir sie kennen, war optimal auf die Anforderungen der Wirtschafts- und Arbeitswelt der Industriegesellschaft des vorigen Jahrhunderts ausgerichtet. Unsere Gesellschaft und unsere Wirtschafts- und Arbeitswelt verändern sich derzeit grundlegend. Automatisierung, Digitalisierung, Wertewandel, Wissensgesellschaft sind nur einige wenige Stichworte, mit denen man versuchen kann, die derzeit stattfindenden Wandlungen zu beschreiben. Diese sind in Umfang und Ausmaß vergleichbar mit jenen, die vor etwa 150 Jahren zu Zeiten der Industriellen Revolution stattgefunden haben. Sie haben nicht nur neue Formen des Arbeitens zur Folge (Stichwort: Arbeiten 4.0), sondern auch neue Formen des Lernens, der Führung, Organisation und Zusammenarbeit.

Aufgabe der Schule war und ist es, Kinder auf die Anforderungen von Wirtschaft und Gesellschaft gut vorzubereiten. Aufgrund der stattfindenden Umbrüche in der Wirtschafts- und Arbeitswelt wird die Lücke zwischen dem, was Schule heute bieten müsste, und dem, was sie tatsächlich bietet, immer größer.

„Probleme kann man nicht mit derselben Denkweise lösen, durch die sie entstanden sind." [14]

---

14 Albert Einstein

Reformen des bestehenden Schulsystems bringen hier nur wenig Abhilfe. Grundlegende Veränderungen in der Wirtschafts- und Arbeitswelt machen grundlegende Veränderungen der Institution Schule notwendig.

Warum das neue Schulkonzept von Sonja Schmolmüller?

Die Komplexität und Dynamik der heutigen Wirtschafts- und Arbeitswelt machen die Fähigkeit zu Kollaboration, Kreativität, Innovation, eigenverantwortlichem und unternehmerischem Handeln sowie lebenslangem Lernen zu DEN Schlüsselkompetenzen des 21. Jahrhunderts.

Menschen, die diese Fähigkeiten besitzen, werden jene Voraussetzungen mitbringen, um die Chancen der neuen Wirtschafts- und Arbeitswelt nutzen und vor allem deren Risiken (Stichwort Arbeitslosigkeit aufgrund der zunehmenden Automatisierung) minimieren zu können.

MeineSchule1 hat sich zur Aufgabe gemacht, diese Kompetenzen bei Kindern gezielt zu fördern – und zwar bereits ab der 1. Schulstufe, also der Grundstufe, und die Kinder mit jenen Fähigkeiten, Kompetenzen und Werkzeugen auszustatten, die in der gerade entstehenden Wissensgesellschaft des 21. Jahrhunderts wesentlich über Erfolg, Zufriedenheit und Lebensglück entscheiden werden. „Das Konzept MeineSchule1 hat den Rahmen und die Tools in der Schulorganisation, um dies tatsächlich zu realisieren." (Experteninterview mit Pionierunternehmer und Vater)

Einblick in weitere Interviews

Warum haben Sie sich für diese Schule engagiert? Warum haben Sie Ihr Wissen und Können den Kindern und auch den Pädagogen im „Generationenlernen" zur Verfügung gestellt? Worin liegt der Wert des Generationenlernens?
„Die Kinder sind unsere nächste Generation und die Gestalter der Zukunft. Kinder liegen mir am Herzen. Das neue Schulkonzept macht für mich Sinn. Da will ich mit meiner Kraft und meinem Potenzial aktiv dabei sein!

Die Kinder und Jugendlichen brauchen gefestigte Persönlichkeiten, die Werte fürs Leben weitergeben! Betrachten wir nur einmal die Vorbilder unserer Jugend! Ein Kind ist ein einzigartiges Geschöpf und ein Geschenk für die Menschheit. Schauen Sie in Kinderaugen, dann sehen Sie die Freude, die Leichtigkeit, aber auch diese Neugier, die Welt zu erkunden, Neues zu lernen. Diese Kinder brauchen ein Umfeld, einen Lebensraum, der diese Neugier stillen kann. Nicht so, wie wir es erlebt haben, in der Schule zu kuschen und uns zu ducken, damit wir den Lehrern und auch Eltern gefallen. Nein. Dieses natürliche Betrachten eines Kindes soll aktiviert werden. Kinder erfahren in unserer Gesellschaft: Was ist gut? Was ist schlecht? Was ist schön? Was ist ‚schiach'? Bin ich der Beste, der Schnellste?

Es ist so wichtig, gerade wenn wir von Potenzialaustausch reden, dass wir Fähigkeiten und Wissen teilen, austauschen und uns diese gemeinsam zunutze machen. Stellen wir uns ein Unternehmen vor, ein Kollegium, wo die Älteren von den Jüngeren lernen und etwas erfahren dürfen – und umgekehrt. Und das macht das Leben meiner Meinung nach aus. Und aus diesem Grund ist es mir so wichtig, diese neue Schule zu unterstützen.

Generationen lernen voneinander fürs weitere Leben. Ich habe es keinen Tag bereut, an dem ich mich für diese Schule engagierte. Mein persönliches Motto lautet: ‚Freude hat, wer Freude schenkt.' Ich wünsche mir von Herzen, dass endlich erkannt wird, dass Schule einen anderen Charakter, ein anderes Wertebild erhalten darf – damit noch viele Kinder und Eltern die Möglichkeit haben, erleben zu dürfen, wie schön Schule tatsächlich sein kann." (Interview mit einem treuen Unterstützer des Schulvereins, einem schulexternen Experten der Privatschule mit dem Schwerpunkt Generationenlernen)

*Im Kapitel „**Einblick in die Projektarbeit**", fächerübergreifende Aktivität „the town & Achtung im Straßen-, Bahn- und Zugsverkehr", können Sie ein Beispiel für das **Generationenlernen** nachlesen.*

Kinderherzen sprechen

Haben Kinder einen Menschen in ihr Herz geschlossen, ist es ihnen wichtig, dass sie auch ihre Emotionen ihm gegenüber mitteilen. *„**Danke, es war voll schön**"* oder *„**Wann kommst du wieder zu uns an die Schule?**"* oder, die Aktivität ist schon einige Wochen vergangen, ***Wann kommt Frau ... oder Herr ... wieder an die Schule?**"* Das sind Zeichen, dass Kinder jemanden gernhaben und sich wünschen, dass dieser Mensch wieder gemeinsam mit ihnen arbeitet. Solche Rückmeldungen kamen stetig. Im Gegenzug äußerten alle schulexternen Experten, die mit den Kindern gearbeitet haben, auch den Wunsch, dass sie sehr gerne wieder Mitgestalter an einem Projekt sein wollen.

Leandro Gabriel, 6 Jahre

Kapitel II:
Wahrnehmung, Einstellung, Impulse und Forderungen

Hinter den Schulfassaden, erlebte Werte in herkömmlichen Schulen – Erfahrungen und Situationen als Basis, um Anforderungen an Schulen neu zu denken

In diesem Kapitel erhalten Sie Einblicke in Schulen und deren Erfahrungen. Die Informationen und die angeführten Beispiele stammen aus der langjährigen Entwicklungsstudie zur Schul- und Unterrichtspraxis. Zugleich finden Sie Aussagen von Kindern, Schulleitern, Lehrern und Eltern über deren jeweilige Eindrücke an ihren Schulen.

Schule als Lebensraum und Entfaltungsort oder als krank machendes System?

Schule hat eine Organisation und einen Ablauf, aber die meisten Schulen sind ein so großes Gefüge, dass es in der Praxis sehr unrealistisch ist, dass die handelnden Personen dort wirklich alle ein stabiles Team (Schüler, Lehrer, Schulleitung und Eltern) bilden. Ein Schulteam, das eine gemeinsame Vision verinnerlicht und sinnstiftende Werte im Schul- und Klassenklima lebt, das zum Wohle der Kinder/Schüler ist, um professionelle Lerngemeinschaften in einer Schule zu installieren, kommt selten vor. Außerdem ist die Schulleitung mit so vielen administrativen Arbeiten eingedeckt, die es unmöglich machen, darüber Bescheid zu wissen, was hinter den Klassentüren und im Konferenzzimmer wirklich passiert. Ich durfte miterleben, wie Rivalitäten und Unstimmigkeiten das Schulklima kennzeichneten, sodass kaum ein stabiles Miteinander herrschte. Wobei grundlegend betont werden muss, dass die beteiligten Personen in der Schule die tragenden Säulen für die Schulqualität und den Schulerfolg sind. Die besten Konzepte und Reformideen führen nicht zum beabsichtigten Ergebnis, wenn die dafür notwendigen Rahmenbedingungen fehlen.

Kein Wunder, dass es bei den vorherrschenden Rahmenbedingungen sowie den Anforderungen, die an die Pädagogen und die Schulleitung gestellt werden, unmöglich ist, dass Schule ein Entfaltungsort sein kann. Die eigentliche Arbeit – nämlich dass die Kinder im Mittelpunkt des Lehrens stehen und ausreichend Zeit für zwischenmenschliche Aktivitäten vorhanden ist – kommt meist zu kurz.

Die Voraussetzungen, um individuell auf Kinder einzugehen – was ja enorm positiv auf die Unterrichtsqualität einwirkt und den Lernerfolg beeinflusst –, fehlen grundlegend. Es mangelt an Strukturkonzepten und den Umständen, die das Wachstum zum Wohle der Kinder, Pädagogen und Schulleiter fördern. In der Praxis geschieht es häufig, dass die engagierten Personen – Pädagogen, Schulleiter – verheizt und somit die Faulen gestützt und belohnt werden. Reflektieren Sie dazu die derzeitigen Reformansätze und diskutierten Bildungsideen! Welche davon haben, langfristig gesehen, für Schüler, Lehrer, Leiter und Eltern zum Erfolg geführt? Gibt es messbare Werte, die das belegen? Betrachten Sie nur Diskussionen, die in den vergangenen Jahren dazu öffentlich geführt wurden? Schon allein die Rückmeldungen zur Neuen Mittelschule stimmen einen nachdenklich! Und eines muss Ihnen bewusst sein: Wir hören nur einen kleinen Anteil dessen, was wirklich hinter der Fassade – auch auf bildungspolitischer Ebene – passiert.

Eine zukunftsweisende Schule fordert wertschätzende Rahmenbedingungen. Freiheit, Frieden und Begeisterung hinsichtlich der Leitung einer Schule, im Führen einer Lerngruppe/Klasse und in der Gestaltung eines ganzheitlichen Unterrichts sind lebensnotwendige Parameter. Zugleich muss ausreichend Zeit für die Zusammenarbeit mit den Eltern zur Verfügung stehen.

Ursache und Wirkung, Erfahrungen und mehr

Welche Werte prägen tatsächlich das Schulklima? Lebt in der Schulkultur tatsächlich die „Wertschätzung"? Werden Leiter, Pädagogen und Schüler als Einzelplayer herangezogen oder gibt es tatsächlich stabile Rahmenbedingungen für Persönlichkeitsentfaltung? Wie sieht die Qualität des Teamteachings tatsächlich aus? Gibt es wertschätzende Strukturen und Verhältnisse in den bestehenden Systemen, damit Potenzialentfaltung tatsächlich möglich ist?

Teamteaching und projektorientierter Unterricht, der vernetztes Denken fördert und schult, sind nur möglich, wenn Pädagogen und Schulleiter zusammenarbeiten. Das bedeutet, dass die Zeit dafür da sein muss, damit ein gemeinsames Planen, Unterrichten und auch Reflektieren vorhanden ist – denn nur dann kann ein erfolgreicher und auch lebensnaher Unterricht zugunsten der Schüler gestaltet werden.

Sind Tagesabläufe so gestaltet, dass gedächtnisgerechtes Lernen und Lehren möglich ist? *Gibt es die räumlichen Ressourcen, damit ganzheitliches und bewegtes Lernen denkbar ist? Hat ein Lehrer tatsächlich die räumliche Möglichkeit – ein eigenes Büro an der Schule –, um sich in Ruhe vorzubereiten und seine Ideen zu entfalten? Betrachten wir nur alleine die Gestaltung der Schulhäuser, dann haben wir die Antwort darauf!*

Ergebnisse einschlägiger Forschungen zeigen, dass neben der **Bereitschaft**, sich für eine Schule einzusetzen, auch die **Arbeitsbedingungen** und das **Arbeitsklima** geschaffen werden müssen, sodass bestimmte Aufgaben erfolgreich erledigt werden können. Das größte Kapital **einer Schule** sind die **Beschäftigten**. Die Schulleitung und die Pädagogen sind die **tragenden Säulen der Schulgemeinschaft** und **Hüter des Schulklimas**, um Kindern einen Entfaltungsraum zu geben. Grundvoraussetzung dafür ist, dass neue und teamfähige Rahmenbedingungen geschaffen werden, sodass die Menschen in der Schule erfolgreich arbeiten und auch **gesund bleiben**.

Das Schulhaus: ein Ort der geistigen Inspiration und Entfaltung für Pädagogen?

Im Laufe der Jahre durfte ich viele Einblicke in unterschiedliche Räumlichkeiten gewinnen. Ich sah viele Schulhäuser, Büros von Vorgesetzten und zahlreiche Konferenzzimmer sowie Arbeitsräume für Pädagogen an Schulen. Was erwartet das System von einem Pädagogen? Er soll eine sehr gute Unterrichtsvorbereitung leisten, doch es fehlen in vielen Schulen die räumlichen Gegebenheiten! Betrachten Sie die Konferenzzimmer in Schulen: Wie viele Kollegen müssen sich einen Schreibtisch teilen? Hat ein Pädagoge wirklich die Möglichkeit, in Ruhe seine Vorbereitungen in der Schule treffen zu können?

Ich betrachte es als eine **strukturelle räumliche Grundforderung**, dass für die Mitarbeiter, also die Pädagogen an der **Basis investiert wird**, und nicht nur für die Vorgesetzten oder Menschen in der obersten Führungsebene, die oftmals „TOP" ausgestattet sind und ausreichendes Personal haben. Das muss man sich einmal anschauen.

Ein Pädagoge soll eine sehr gute Arbeit mit **Kindern** in der Klasse machen. Er soll **Pädagoge**, **Begleiter** und **Beobachter** beim Lehren und Wachsen der Kinder sein. Und um diese Anforderungen erfüllen zu können, braucht es neben den pädagogischen Ansprüchen auch ausreichend Zeit und Raum, um seine Vor- und Nachbereitung für den Unterricht leisten zu können.

Das Konzept für den neuen Schultyp hat daher andere Rahmenbedingungen. Die Pädagogen haben eigene Arbeitsplätze und ihnen stehen alle Arbeitsmittel zur Verfügung, die sie benötigen, um eine Vor- und Nachbereitung des Unterrichts gewissenhaft durchzuführen. Somit umfasst der Dienst die eigentliche Unterrichtsarbeit mit den Kindern (die Unterrichtszeit) sowie die Vor- und Nachbereitungszeit direkt an der Schule.

Erzeuger von Qualität? Gibt es ausreichend Geld für Lehr- und Arbeitsmittel sowie lebensnahe Unterrichtsprojekte?

Um projektorientierten Unterricht sowie das Lernen mit Experten als feste Bestandteile in den Schulalltag einbinden zu können, ist es essenziell, dass auch die notwendigen finanziellen Ressourcen vorhanden sein müssen. Um lebensnahes Lehren und Lernen anbieten zu können, ist es notwendig, in Lehr- und Arbeitsmittel zu investieren und auch Projektgelder zur Verfügung zu stellen. Ich durfte oft miterleben, dass sehr gute Ansätze von der Lehrerschaft nicht realisiert werden konnten, weil die vorhandenen Geldmittel nicht zur Verfügung standen. Auch ich habe diese Phänomene selbst erlebt. Damit ich aber trotzdem meine Ideen für die Kinder und Jugendlichen umsetzen konnte, habe ich vieles selbst angekauft oder überlegte, was ich allein erstellen konnte, um die Kosten zu verringern. Wie sollen wir für die Kinder einen ganzheitlichen Lehrzugang herstellen, wenn die Geldmittel dafür fehlen?

Aus der Praxis für die Praxis

Wir analysierten ganz genau, welche Lehr- und Arbeitsmittel wir ankauften und welche wir selbst erstellten. Diese Vorgehensweise ermöglichte es einerseits, die Kosten durch das Selbstgestalten von Lehrmitteln zu reduzieren, und andererseits, dass wir je nach Schülergruppe auch Interessenfelder gezielt einbinden konnten. Gerade in den ersten Jahren in der Grundstufe arbeiteten wir sehr gern mit sinnstiftenden Lernspielen in unterschiedlichster Form, um zielführend bereits gelernte Inhalte zu wiederholen und auch zu vertiefen. Wir erstellten eine Vielfalt an sinnstiftenden Spielen, denn Kinder lieben diese Form des Übens und Trainierens.

Um lebensnahes, kooperatives und handlungsorientiertes Lehren und Lernen zu ermöglichen, gestalteten wir sehr gerne Unterrichtsprojekte. Damit der Organisations- und Verwaltungsaufwand für die Pädagogen reduziert wurde, übernahm die Schulleitung die Projektorganisation. Zugleich gab es für die Pädagogen ein Konzeptpapier, das Anleitungen beinhaltet, wie die Projektplanung zielführend umgesetzt werden konnte. „Es wird immer betont, wie wichtig kooperatives Lernen ist, doch wie wir wirklich praxisnahe Anleitungen erhalten, das haben wir an der Hochschule nicht gelernt, sondern erst jetzt im Rahmen unserer Berufstätigkeit. Wir lernten das von der Schulgründerin." (Klassenführende Lehrerin)

Würden alle notwendigen Fragen, die eine zukunftsweisende Schule verlangt, systematisch abgearbeitet werden – Ansprüche der Leiter, Lehrer und Schüler –, dann fordert das tatsächlich eine massive Veränderung an der Basis. Schule muss also neu gedacht werden.

Der Blick auf die Pädagogen

Die wichtigsten Faktoren zum Gelingen von Schule sind die Menschen, die in ihr arbeiten: die Pädagogen. Ohne ihre Ideen, ihr Engagement, ihre Kenntnisse, ihr Potenzial und ihre Erfahrungen lassen sich weder Lehrplaninhalte vermitteln noch können die Schüler ihren Bedürfnissen entsprechend ins Erwachsenwerden begleitet werden. Darum muss auf alle Beteiligten gut geschaut werden, nicht nur auf die Kinder. Es ist ein Prozess des Miteinanders. Das System muss es erlauben, dass nicht nur das Kind als Persönlichkeit wahrgenommen wird, sondern auch der Pädagoge. Wenn der Pädagoge Persönlichkeitsentfaltung leben kann, wenn er regelmäßiges Feedback bekommt und seine Leistungen geschätzt werden – denn jeder Mensch braucht Wertschätzung –, dann bin ich davon überzeugt und erlebte es auch selbst, dass in herausfordernden Zeiten ein Zusammenhalt gegeben ist. Der

Pädagoge sieht dann auch die Sinnhaftigkeit seines Berufs und bekommt das Feedback zu seiner Arbeit, das er braucht – so wie sich ein Schüler über eine Rückmeldung zu seiner Leistung freut, so ist das auch beim Pädagogen.

Ein Pädagoge soll hundert Prozent seiner Energie den Schülern geben – aber bekommt er auch hundert Prozent vom System? Es gibt zwar eine Lehrervertretung, aber schaut die wirklich gut auf die Pädagogen und Leiter? Und steht der Dienstgeber voll hinter seinen Mitarbeitern? Die Rahmenbedingungen müssen verändert werden und die Lehrer mehr Wertschätzung sowie **Menschlichkeit** in einer Schule bekommen! Es gibt keine andere Berufsgruppe, über die so viel Negatives geschüttet wird, wie die Pädagogen.

Der Lehrerberuf ist ein wunderbarer Beruf, er ist ein Geschenk. Dieses innere Bewusstsein ist die Grundvoraussetzung dafür, dass die Pädagogen mit Begeisterung arbeiten. Das Können eines Pädagogen – egal, in welchem Schultyp er unterrichtet – basiert darauf, dass er seine innere Berufung spürt, dass er gerne Pädagoge und Lebensbegleiter seiner Schüler ist. Er hat auch eine große Verantwortung, denn jeder Lehrer prägt die Schüler: Wir sind zentrale Bezugspunkte! Wir sind Vorbilder! Wir sind Präger! Das muss man bewusst machen. Deshalb ist eine Grundvoraussetzung, dass der Lehrer authentisch ist. Der Pädagoge hat im Lebensabschnitt eines Kindes – und später eines Jugendlichen – eine sehr bedeutende Rolle. Gerade Kinder bringen die Eigenschaft mit, dass sie zeigen, was sie für jemanden empfinden – neben dem großen Vorbild Lehrer aber auch idealerweise für die Mama und den Papa, die sie ja über alles lieben. Es gibt viele Kinder, die ihre Pädagogen bewundern und lieben. Das, was die Frau Lehrerin oder der Herr Lehrer sagt, ist BARES. Und deshalb muss uns bewusst werden, dass unser Handeln einen enormen Einfluss auf ein Kind hat und auch, dass uns Kinder mögen, uns ihr Vertrauen schenken. Und das ist eine Gabe an einen Pädagogen, wenn er das erleben darf. Kommt es an der Schule zur Verletzung oder zum Bruch des Vertrauens, kann auf einmal das gemeinsame TUN sehr schwer werden. **Ich fordere daher vom Schulklima: In einer Schule muss es „menscheln".**

„Alleskönner, Wunderheiler und Wunderwuzzi"

Pädagoge sein heißt diszipliniert, konsequent und auch flexibel sein. Für den Unterricht braucht man einen stabilen pädagogischen und auch organisatorischen Rahmen, der Pädagogen und Kinder einen Halt und Orientierung gibt, um die gemeinsamen Werte und Ziele zu realisieren. Nicht jeder für sich, so wie er will, sondern in einem **WIR-Gefüge.** Die Führung einer Klasse erfordert aber auch, dass man sich kurzfristig umstellen kann. Die Unterrichtsvorbereitung darf kein Konstrukt sein, an dem der Pädagoge starr hängt. Der Klassenverband verlangt immer wieder etwas, das vielleicht nicht vorgesehen ist. Der Lehrer muss die Fähigkeit besitzen, auf die Stimmung der Kinder einzugehen und die Lerninhalte und seine Methoden anpassen zu können. Das ist eine Grundanforderung: „Gehen Sie nicht von sich selber aus, beobachten Sie immer die Zielgruppe – die Kinder!" Und auch wenn der Pädagoge in der Grundschule meist mit den Kindern alleine arbeitet, so muss er unbedingt teamfähig sein. Gewisse Aktivitäten und Unterrichtsprojekte fordern das. In den weiterführenden Schulen ist diese Fähigkeit, mit anderen zusammenzuarbeiten, noch viel wichtiger. Wir brauchen Lehrerpersönlichkeiten als wirkende Personen in der Schule.

Einstellungen, Wahrnehmungen und Einschätzungen aus der Praxis
Von Pädagogen für Pädagogen

Im Rahmen der Schulstartjahre führte ich viele Gespräche mit Lehrern – mit Pädagogen, die ihren Beruf mit Herzblut und als Berufung leben.

In diesen Unterhaltungen erfuhr ich Motive, Einstellungen und Wahrnehmungen zur Schule. Die Dialoge stützten sich auf einen Leitfaden und wurden im Rahmen der vielen Bewerbungs- und Informationsgespräche zum neuen Konzept in den Kalenderjahren 2012 bis 2015 geführt.

In diesem Abschnitt erhalten Sie einen Einblick in die Gespräche, welche die Grundlage dieser Inhalte bilden. Der Gesprächsleitfaden ermöglichte es, die Aussagen der Lehrerinnen und Lehrer zu filtern, zu vergleichen und Schlussfolgerungen daraus abzuleiten. Insgesamt wurden 35 berufserfahrene und 28 neu einsteigende Lehrer (Absolventen der pädagogischen Hochschule) befragt, die sich beworben haben. Zusätzlich wurden 21 Informationsgespräche mit Lehrern geführt, die in herkömmlichen Schulen unterrichteten, sich für den neuen Schultyp interessierten und Informationen zum neuen Schulkonzept erhalten hatten. Dieser Abschnitt bietet einen Einblick in Wahrnehmungen und Einstellungen zur Schule. Im Text werden sowohl aktiv tätige als auch inaktive Lehrer unter dem Begriff „Pädagogen" zusammengefasst.

Bei der Frage, welche Motive mit der Bewerbung in Zusammenhang stehen, war sehr auffällig, dass alle Befragten geantwortet haben, dass die _Rahmenbedingungen_ *des* _neuen Konzepts_ *– des neuen Schultyps – den pädagogischen Vorstellungen der Befragten (der Bewerber) entsprachen und sich alle Pädagogen gewünscht haben, an dieser Schule arbeiten zu können. „Was mich besonders anspricht, sind die gemeinsamen Werte der Schulkultur, die Prinzipien der Schulleitung, die Führungskultur und die Schulorganisation. „Mir gefällt besonders, dass in Kleingruppen unterrichtet wird und ein gehirn- und gedächtnisgerechter Tagesablauf gegeben ist. Ich habe mir einige private Schulen angesehen, die derzeit am österreichischen Bildungsmarkt zu finden sind, doch bei denen fehlte mir die Klarheit im Aufbau und teilweise die Professionalität in der Schulleitung und Schulorganisation. Außerdem sind die meisten Privatschulen aus Initiativen von Eltern heraus gegründet und werden davon getragen. "*

Auffällig war auch, dass in mehr als der Hälfte aller Gespräche die Wichtigkeit einer wertschätzenden Schulkultur betont wurde. Begrifflichkeiten wie respektvoller Umgang, Beziehungsarbeit, Vertrauenskultur, Gleichwertigkeit, Führen auf Augenhöhe wurden erwähnt. Es herrschte die Meinung, dass die Wertevermittlung und eine wertschätzende Kultur für ein neues Schulkonzept – eine neue Schule – unabdingbar sind: *„In einer Schule müssen die Menschen im Mittelpunkt stehen – sowohl das Kind als auch der Pädagoge."*

Zugleich wurde immer wieder Bezug auf das herkömmliche Schulwesen genommen und anhand von Beispielen Vergleiche aus dem Alltag erzählt. Es wurden sehr kritische Äußerungen getätigt, auch in Verbindung mit der Klassengröße und Schulausgestaltung, und es wurde von konkreten Vorfällen berichtet.

> *„Ein Bild sagt mehr als tausend Worte: Als ich das Schulhaus der neuen privaten Schule betreten habe, dachte ich, ich bin in einer anderen Welt, ich habe so eine Schulgestaltung noch nie zuvor gesehen."*

> *„Wenn ich einen Vergleich mit meinem Schulalltag anstelle, dann gibt es hier große Unterschiede in der Schulhausgestaltung. In der Schule, wo ich derzeit unterrichte, ist die Klasse so klein, dass nicht einmal jedes Kind sein eigenes Kastenfach darin hat. Wir müssen den Platz am Gang dafür nutzen. Wie soll es dann möglich sein, in einer so eingeschränkten Form einen offenen und bewegten Unterricht zu gestalten?"*

Äußerungen wie: *„Eine Schule im 21. Jahrhundert braucht andere Werte"* oder *„Wir brauchen andere Rahmenbedingungen"* waren in den Gesprächen zu hören. Die pädagogischen Anforderungen des 21. Jahrhunderts sowie Gedanken zu einer neuen Organisationsentwicklung waren Inhalte der Gespräche, die sehr oft für einen Vergleich mit dem herkömmlichen System herangezogen worden sind.

„Der Verwaltungsapparat kostet so viel Geld – würden wir die Verwaltung geringer halten, würde auch den einzelnen Schulen mehr Geld bleiben."

„Was mich am neuen Konzept besonders anspricht, sind die Rahmenbedingungen, die Strukturklarheit und die Konstellation der Lerngruppen. Das Fundament des neuen Schultyps bildet die Basis dafür, dass individuelles sowie differenziertes Lehren und Lernen möglich sind. Der Unterricht in Kleingruppen sollte eigentlich in allen Volksschulen möglich sein, damit individuell wirklich auf jedes Kind eingegangen werden kann, denn das macht ja schließlich das Lernen in der Volksschule aus."

Besonders auffällig war, dass auf die Frage, welche Werte in der Schule gelebt werden sollten, damit auch ein Lehrer mit Freude und Begeisterung arbeitet, die Antworten sehr eindeutig und teilweise auch sehr ausschweifend skizziert worden sind.

„Um mich entfalten zu können, brauche ich klare Strukturen, damit ich weiß, was meine konkrete Aufgabe ist, welche Verantwortung ich in dieser Schule zu übernehmen habe. Die ganze Struktur der Schulorganisation an Ihrer Schule hat mich bereits beim Einblick in die Homepage sehr angesprochen."

Gemeinsame Werte, die häufig in Bezug auf Führungskultur gefallen sind und die Beziehungsebene zwischen der Schulleitung und den Lehrern kennzeichneten, waren *Offenheit, Ehrlichkeit, Vertrauen* und *Wertschätzung in der Zusammenarbeit.*
Zugleich war auffällig, dass auch das Anliegen ausgesprochen wurde, dass es Pädagogen sehr gut gefällt, dass sie erste Ansprechpersonen für Eltern und die Schulleitung sind.

In den Gesprächen wurde auch immer wieder auf die Lehrerausbildung an den Hochschulen Bezug genommen.

„Auf der pädagogischen Hochschule haben wir sehr wenig über Elternarbeit gelernt. Es gab nur eine Aufgabe: Wir sollten beschreiben, wie wir einen Elternabend gestalten würden. Da wir keinerlei Tipps für die Praxis erhalten haben, bin ich sehr froh, dass die Schulleitung die Lehrer bei der Elternarbeit unterstützt und, wenn es offene Fragen gibt, die Eltern wissen, dass sie sich zuerst an die Schulleitung wenden sollen. "

Ein zukunftsweisendes Schulkonzept verlangt es, dass die Schulleitung der Hüter des Schulklimas ist, der Personalentwickler und der Qualitätsmanager für die Schule. Die Gespräche bestätigten auch, dass engagierte Pädagogen klare und wertschätzende Führungsprinzipien und -strukturen brauchen und wünschen. Die Forderung, dass eine wertschätzende Schul-, Kommunikations- und Führungskultur mit ethischen Werten in einer Schule praktiziert wird, sollte eigentlich selbstverständliche Grundlage in jeder Schule sein.

Bei diesen Gesprächsinhalten war besonders auffällig, dass alle das Konzept für das schulinterne Qualifizierungsprogramm für Pädagogen begrüßt und befürwortet haben. Alle Befragten haben diese Maßnahme als sehr positiv wahrgenommen. Auffällig war, dass eine bewusste Einstellung zur laufenden Weiterentwicklung gegeben war und auch durch regelmäßiges Reflektieren der eigenen Unterrichtsarbeit einerseits das Reflexionsbewusstsein geschärft, aber auch die Professionalität in der Unterrichtsarbeit gesteigert wurde.

„Praxisbezogene Tipps und Anleitungen zu erhalten, sehe ich als Bereicherung. Eine beratende Unterstützung durch die Schulleitung gefällt mir sehr gut, man bekommt Sicherheit und wird nicht einfach ins kalte Wasser gestoßen – nicht so, wie es oft bekannt ist: Man kommt aus der Hochschule und bekommt dann gleich eine

erste Klasse, damit sind viele überfordert. Ich kenne das von meiner Studienkollegin. An Ihrer Schule wird wirklich realisiert, dass das Schulteam als eine stabile Gemeinschaft fungiert, um Qualität zu erreichen.“

Die Gesprächsfrage, welche Unterschiede zum herkömmlichen Schulwesen bestehen, wurde sehr kritisch diskutiert, zugleich wurden auch Beispiele aus der eigenen Berufstätigkeit erzählt. Auffällig und auch spannend war, dass alle sagten, dass eine Reformarbeit für Schule im 21. Jahrhundert neue und vor allem die Menschen bestärkende Rahmenbedingungen verlangt. Zugleich wurde auch in allen Gesprächen erwähnt, dass es eine absolute Notwendigkeit ist, dass Schule mehr Entscheidungsfreiheit erhält – gerade in der Auswahl der Lehrer.

Besonders interessant war folgende Aussage: *„Daher habe ich mich auch entschieden, aus der herkömmlichen Schule auszusteigen, denn es ist sehr mühselig, eine Veränderung in der Schulentwicklung herbeizuführen, wenn die Einstellung und die Bereitschaft des Lehrkörpers nicht gegeben sind. Ich durfte jetzt selbst miterleben, wie schwer es ist, wenn nicht alle am gleichen Strang ziehen.“*

Wir brauchen Neudenker und Pioniere in den Systemen, das wurde in den einzelnen Gesprächen bestätigt. Es herrschte die gängige Annahme, dass Pioniere in unserer Zeitgeschichte schon immer die Aufgabe hatten, vorausschauend zu denken und eine Neuentwicklung einzuleiten oder eine Erfindung zu tätigen. Hierzu nur ein einfacher Vergleich: „Gäbe es keine Wegbereiter, hätten wir heute keinen Strom, kein Licht u.v.m.“

Gespräche: Resümee aus der Praxis für die Praxis
Grundsätzlich konnte festgestellt werden, dass in den Unterhaltungen ein einheitliches Bild propagiert wurde. Es wurde immer wieder bestätigt, dass sich alle befragten Personen gewünscht hätten, nach

diesem neuen Schulkonzept zu arbeiten. Zugleich vermittelten die
Gespräche, dass es noch sehr viele hoch motivierte Lehrer gibt. Dieser
hohe Ehrgeiz zeigte sich vor allem bei jenen Lehrern, die soeben die
Grundausbildung absolviert hatten und sich schon sehnlichst freuten,
endlich eine freie Stelle in einer Schule zu erhalten.

**Der reelle Praxisbezug in der Grundausbildung wurde sehr
kritisch betrachtet. Die Wahrnehmung, dass es an praxisrele-
vanten Anleitungen und Impulsen mangelt, wurde bestätigt.**
Es fehlt der realistische Zugang zur Schulpraxis. Die Grundausbildung selbst wurde als sehr weit weg von der Praxis wahrgenommen. Der fachlichen Kompetenz wird an der Hochschule
großes Augenmerk geschenkt. Die Persönlichkeitsbildung sowie
die praktischen Anleitungen für die pädagogische Praxis fehlen
zum Großteil. Es ist wichtig, dass die Pädagogen in die Schule
hineinwachsen dürfen, nicht so, wie es jetzt organisiert ist, dass
sie (besonders die Grundschullehrer) den größten Teil der Ausbildung an der Hochschule absolvieren. Die Lehrauftritte in
der Schulpraxis sowie die Unterrichtssequenzen an den Schulen
ermöglichen es während der Ausbildung nicht, dass der Alltag
eines Schulgeschehens erkundet werden kann und praktische
Erfahrungen für den Berufseinstieg gemacht werden können.
Zugleich ist es wichtig, dass die Ausbildner wirklich Meister in
ihren Bereichen sind. Der direkte Bezug zur pädagogischen Praxis
muss gegeben sein.

Die Aufgabe an der Hochschule sollte es sein, dass angehende
Pädagogen Impulse und Hinweise erhalten, um den Kindern
Anleitungen (Werkzeuge) mitzugeben, damit sie selber erlernen, Lösungen zu finden, um die jungen Menschen auf den
Weg des Sich-Bildens zu führen. Ganzheitlicher Unterricht verlangt lösungsorientiertes Denken sowie fächerübergreifendes und
projektorientiertes Arbeiten. Das muss in der Grundausbildung
gelernt werden, weil nicht alle von sich aus diese innere Gabe

des Organisierens und Vernetzens haben. Um die Kinder auf das Erwachsenenleben und vor allem auf ihre Aufgaben in der Wirtschaft vorbereiten zu können, ist es unerlässlich, dass Pädagogen einen Bezug zu anderen Berufsbildern haben.

Lehren und Lernen sollen einen gemeinsamen Entfaltungsprozess für Kinder und Pädagogen darstellen und der Grundstein dazu muss bereits in der Grundausbildung gelegt werden.
Neben der Persönlichkeitsentwicklung und Methodenschulung sind die Themen Gesundheit, Gehirnforschung, Motivationspsychologie und Beratungsarbeit essenzielle Hauptinhalte der Grundausbildung. Pädagogen müssen wissen, wie das Lernen funktioniert und was vom Körper her dafür notwendig ist. Sie müssen es an sich selbst erfahren und anwenden, damit sie es auch an die Schüler weitergeben können.

Die Gespräche bestätigten auch, dass es an der Zeit ist, ein praxisbegleitendes Ausbildungsmodell an den Hochschulen zu integrieren.

Es besteht Forderung nach Investition in ein berufsnahes Ausbildungsmodell durch learning by doing!

Die Erfahrungen der vergangenen Jahre zeigen auf, dass bereits bei den Auswahlkriterien für die Zulassung zu einem pädagogischen Hochschulstudium oder einem Lehramtsstudium neue Strukturen und Konzepte zur Auswahl geschaffen werden müssen, damit mehr Qualität in Schulen erreicht wird. Es hängt alles von den handelnden Personen in einer Organisation, einem Unternehmen und einer Schule ab. Diese Investition zahlt sich aus und legt den Grundstein, um mehr Begeisterung, Qualität und Erfolg in den Schulen zu garantieren. Dies ist ein essenzieller Parameter, um professionelle Lerngemeinschaften an Schulen zu installieren.

Es wurde auch gefordert, dass angehende Pädagogen im Zeitraum ihrer Ausbildung einen regelmäßigen Bezug zur Arbeitswelt in einer Schule erhalten. Der Ansatz, dass ein Drittel an der Hochschule absolviert wird und zwei Drittel im Berufsleben verbracht werden, wurde kritisiert und mit der Forderung verknüpft, dass es unbedingt notwendig ist, den direkten Bezug zur Schule während der Ausbildungszeit zu erhalten. Nicht so wie jetzt, dass es Praxiseinheiten vor Ort gibt, sondern der reguläre Schulbetrieb an einer Stammschule mit einem Mentor an der Seite soll während der ganzen Ausbildungszeit möglich sein. Dann lebt auch das Prinzip „learning by doing".

Betrachten Sie die Ausbildungskonzepte an Fachhochschulen oder auch Berufsschulen, die haben einen direkten Bezug zur Arbeitswelt. Und das ist in der heutigen Zeit absolut zukunftsträchtig. Ich bin davon überzeugt, dass mit einem praxisbezogenen Ausbildungsmodell im Lehrerberuf tatsächlich Qualität in der Ausbildung erzeugt werden kann. Zugleich eröffnet das die Chance, dass durch diesen regelmäßigen Praxisbezug wirklich beobachtet und reflektiert werden kann, welche Menschen tatsächlich für den Lehrerberuf geeignet sind. Denn *eine Lehrbefähigung zu haben, garantiert nicht, dass ein Lehrer tatsächlich imstande ist, ein Schulkind für das Lernen zu begeistern. Wissen muss ganzheitlich vermittelt und das Kind unterstützt werden, damit erfolgreiches Lernen gegeben ist. Dies bildet das Fundament für den Erhalt einer professionellen pädagogischen Ausbildung sowie die Installation professioneller Lerngemeinschaften in Schulen.*

Grundvoraussetzung für den Lehrerberuf ist, dass eine Person die größte Freude an der Arbeit mit Kindern hat. Zusätzlich fordert die Berufspraxis, dass ein Pädagoge eine hohe soziale Kompetenz, die Offenheit und das Können für ganzheitliches Lehren und Lernen besitzen muss. Der Nachweis der Lehrbefähigung allein ist keine Garantie für die tatsächliche Begabung des Lehrers.

Neue Konzepte im Bildungswesen werden für die Gestaltung der Zukunft genutzt und verlangen engagierte Pädagogen.

Neue Bildungskonzepte sowie private Bildungseinrichtungen sollten nicht negativ gesehen werden, sondern auch die Chance erhalten, bedeutende Teile der österreichischen Bildungslandschaft zu sein.

Neue ganzheitliche Konzepte im Bildungswesen sind meist nur über private Organisationen zu realisieren und werden auch als Pionierarbeiten in der Reformtätigkeit bezeichnet. Pioniervorhaben sind und waren immer schon die Antriebsmotoren für Neuentwicklungen. Die Menschen dahinter besitzen die Fähigkeit, Neues zu entwickeln – und sie haben alle gemeinsam, dass sie in der Entwicklung und im Gedankengut ihrer Zeit voraus sind, um Neues in der Zukunft zu realisieren. Pioniere sind Gestalter der Zukunft.

Schulleitung
„Hüter des Schulklimas, Personalentwickler und Qualitätsmanager für die Schule"

Schulleiter müssen Managerqualitäten, Persönlichkeitskompetenz, Herzensbildung und Teamfähigkeit sowie pädagogisches Blut in den Adern haben. Sie sollen die zentralen Stellen in den Schulprozessen sein und somit Steuerungsorgane, die nicht nur für die organisatorischen Belange verantwortlich, sondern auch in der Führung der Pädagogen und der Reflexion der Unterrichtsarbeit tätig sind. Die Schulleitung ist das Bindeglied zwischen Schule (also Pädagogen, Kinder) und Eltern. Daher wird der Schulleitung eine große Bedeutung beigemessen und die Erfahrungen in der Schulpraxis zeigen, dass Führungskompetenz auf mehreren Dimensionen beruht. Die Schulleitung erfordert unternehmerische, kommunikative und administrative Fähigkeiten und vor allem eine Persönlichkeit mit einem großen Herzen für Kinder und Pädagogen.

Diese Kompetenzbereiche sind für die Schulleitung in der heutigen Zeit unverzichtbar, wenn man wirklich den Weg der Nachhaltigkeit einschlagen möchte.

Alle Systeme, in denen Menschen arbeiten, brauchen einen Reflektor oder einen Sparringspartner, der die Qualität und die Stärken der einzelnen Personen und der Gruppe herausfiltert und bewusst einsetzt. In der Schule ist dies die Aufgabe der Schulleitung als Bildungsmanager.

*Die Arbeitszeit des Schulleiters darf nicht ausschließlich mit Verwaltungsaufgaben ausgefüllt sein, das ist Aufgabe eines Sekretariats. Er darf nie den Kontakt zu den Kindern und Lehrern verlieren. Einige der Hauptaufgaben des Schulleiters sollten die Beratung, Begleitung und Anleitung der Pädagogen sein – und das gelingt nur, wenn er in Verbindung mit den Schülern, den Lehrern und dem Unterrichtsgeschehen steht. So kann er vermitteln, wenn Herausforderungen auftreten, inhaltliche Impulse geben und immer wieder steuernd eingreifen. Dies gelingt mit Beobachtungsphasen in den Klassen, Teamteaching oder durch kollegiale Hospitation mit den Klassenlehrern und gemeinsame Workshops (auch schulübergreifend). Der Führungsstil der Schulleitung verlangt eine innere Stärke, die Fähigkeit, aus einer neutralen Position heraus Entscheidungen zu treffen, und ein hohes Maß an Einfühlungsvermögen. Auch braucht es den Mut, „Nein" zu sagen, und den ständigen Blick auf **das ganze Geschehen** in der Schule. Um eine professionelle Lerngemeinschaft installieren zu können, benötigt die Schulleitung eine flexible Handlungsfreiheit, damit sie für die Schule agieren kann. Ein Schultag bringt so viele ungeplante Ereignisse mit sich und da ist eine Schulleitung vonnöten, die in ihrem Tun flexibel und frei ist. Natürlich muss hierzu die Leitung der Schule die Kompetenz besitzen, um mit Freiräumen* *zum Wohle der Schule umgehen zu können. Die Arbeit mit Kindern kann man nicht wirklich planen, es geschehen oft Tag Dinge, die nicht vorhersehbar sind. Wie heißt es so schön:* **Eine Handvoll Kinder fordert ein Dorf voller Leute.**

Im Gegensatz zum herkömmlichen Schulwesen hat eine Privatschule in freier Trägerschaft die Autonomie in der Personalauswahl. Die Schulleitung ist die tragende Säule im Personalaufnahmeverfahren und in der Personalentwicklung. Diese hat die Aufgabe, die richtige Entscheidung für die Auswahl von Lehrern für die Schule zu treffen. Das Konzept der neuen Privatschule hat ein praxisorientiertes Bewerbungsverfahren installiert, welches aus mehreren Phasen besteht, um Entscheidungskriterien zu filtern, aber auch, um den neu einsteigenden Lehrer persönlich durch die Schulleitung in das Schulkonzept einzuschulen – mit dem Ziel, neue Mitarbeiter beim Schulstart individuell zu unterstützen. Diese Vorgehensweise erfordert zwar sehr viel Zeit, hat jedoch eine sehr erfolgversprechende Rendite für den Schulbetrieb.

Eine zukunftsweisende Schule ist ständig gefordert, eine wachsende Vielfalt an Aufgabenstellungen zu bearbeiten. Das bedeutet, dass das Schulleben ein laufender Entwicklungsprozess ist. Die Personalaufnahme und -entwicklung sind essenzielle Parameter für die weitere Schulentwicklung, Schulqualität und ein Qualitätsmanagement.

Die Entscheidungsfreiheit in der Personalauswahl ist ein absolutes „MUSS" und ein wesentlicher Erfolgsfaktor in einer neuen Generation von Schule.
Personalaufnahme fordert einen persönlichen Kontakt zum Menschen.
Eine Einstellung ausschließlich auf Qualifikationsebene zu bilden ist kein Erfolgsgarant, denn das Papier ist geduldig. Und das kann sehr riskant sein – vor allem hinsichtlich der These: Eine Lehrbefähigung zu haben, bedeutet noch lange nicht, dass ein Mensch imstande ist und die Kompetenz in der pädagogischen

Praxis besitzt, um einem Kind Inhalte begreifbar zu machen und es zu begleiten.

Die Personalentwicklung fordert immer mehr, dass nicht das Papier im Vordergrund stehen soll, sondern der Mensch. Somit sind Personaleinstellungen, welche ausschließlich über die Registrierung des Lebenslaufs erfolgen, nicht mehr zeitgemäß.

Angehende Lehrer werden in der Regel mit einer Bewerbungsnummer registriert und dann anhand einer Reihungsliste eingestellt! Kann mit dieser Methode, wie sie derzeit in der Verwaltungspraxis für Lehrereinstellungen noch gehandhabt wird, Qualität erzeugt werden? Können auf diese Weise tatsächlich professionelle Lerngemeinschaften an Schulen installiert werden? Es entscheiden über die Einstellung zukünftiger Lehrer nicht jene Personen, die vor Ort in den Schulen sind, die ein Team führen und leiten und eigentlich genau wissen müssten, welche Potenziale für die Schule von großem Nutzen wären. Nein, es entscheiden Vertreter der Verwaltungsbehörde. Welche Bewerbungskriterien finden in der Verwaltungspraxis Gebrauch? Genügt die Lehrbefähigung einer Person, um an sie einen Dienstposten zu vergeben? Hier gibt es einen großen Unterschied zum Personalaufnahmeverfahren des neuen Schulkonzepts: Die Schulleitung handelt im Sinne der Schule – für den Lehrkörper und den Klassen- oder Gruppenverband –, um für die Schule die richtige Entscheidung zu treffen. Das installierte Personalaufnahmeverfahren fordert weit mehr als nur die Methode, den Lebenslauf und das Bewerbungsschreiben zu analysieren.

Schulführung und -steuerung anders denken
Zeitgemäße Schulsteuerung und Bildungsmanagement bedeuten, dass die pädagogische Arbeit tatsächlich im Mittelpunkt eines Schulstandortes oder einer Lerngemeinschaft steht.
Grundsätzlich ist die Leitung des neuen Schultyps so aufge-

baut, wie es in anderen Ländern praktiziert wird, dass die Steuerungszentrale mehrere Schulstandorte betreuen kann und an den einzelnen Standorten kein Direktor in der herkömmlichen Form beschäftigt ist. Die Steuerungszentrale hat einen Bildungsrat installiert. Der Bildungsrat übernimmt die Aufgaben, die einer Schulleitung zukommen. Solche sind: Schulorganisation, Personalverwaltung, -entwicklung und -qualifizierung. Weiters setzt er personenbezogene Maßnahmen zur Fortbildung, die der Schulbetrieb braucht. Das heißt, der Bildungsrat wählt Experten aus, die ausgebildet werden, im Sinne des pädagogischen und organisatorischen Konzepts handeln und die Pädagogen an den Schulstandorten in der pädagogischen Praxis betreuen, begleiten und coachen – mit dem Ziel, dass an einem Schulstandort tatsächlich die pädagogische Arbeit im Vordergrund steht und die Lehrer durch unterrichtszentrierte Führung und Begleitung an den jeweiligen Standorten unterstützt werden. Der Pädagoge erhält also schulbegleitend einen Qualitätsmanager als Coach. Dieser soll den Lehrer in der pädagogischen Arbeit, aber auch die Lerngruppe dort unterstützen, wo es wichtig und wertvoll ist. Somit wird eine professionelle Lerngemeinschaft in der Schule gelebt sowie ganzheitliches und individuelles Lehren und Lernen werden ermöglicht. Der Ansatz sieht vor, dass der Qualitätsmanager der Begleiter, Beobachter, Berater und Spearing-Partner im Schulalltag ist. Somit ist es die Aufgabe des Bildungsrates, Experten auszubilden, die als Personalentwickler, Coach und Qualitätsmanager an der Schule eingesetzt werden. Zugleich ist der Bildungsrat das zentrale Überwachungsorgan der Schulstandorte und setzt Aktivitäten zur laufenden Weiterentwicklung, die der Schulqualität dienen. Auf einer Plattform werden wichtige Informationen zur Verfügung gestellt, so kann der Pädagoge seine Arbeitszeit zu 100 Prozent den Schülern widmen, also der pädagogischen Praxis, und hat ausschließlich allgemeine administrative Tätigkeiten, die wichtig für die Klassenführung sowie die Unterrichtsvor- und -nachbereitung sind, auszuführen. Der Bildungsrat stellt Listen, Formblätter, Projektpläne und Beschreibungen für Unterrichtsaktivitäten zur Verfügung. Ebenso werden Maßnahmen zur Elternarbeit sowie pädagogische Impulse zum Lehren und Lernen von der Steuerungszentrale – also vom Bildungsrat – erstellt und an die Pädagogen an den jeweiligen Standorten weitergegeben. Somit übernimmt der Bildungsrat auch eine beratende und begleitende Funktion für Pädagogen. Zusätzlich hat er allen Belangen nachzukommen, die im Zusammenhang mit der Finanzierung, der Verwaltung sowie der Schul- und Unterrichtsorganisation stehen. Der Bildungsrat ist so aufgebaut, dass ein Mentorat und ein Coaching für Pädagogen installiert sind. Der persönliche Kontakt erfolgt in einem regelmäßigen pädagogischen Meeting, welches einen Informations- und Erfahrungsaustausch zwischen allen Beteiligten zum Ziel hat.

Die Aufgabe des Bildungsrates ist, alle Maßnahmen und Aufgaben zu übernehmen, die ein Schulbetrieb verlangt. Der Bildungsrat besteht aus einer geringen Anzahl von Personen, welche die Aufgaben für die Leitung übernehmen. Der Bildungsrat steuert, organisiert, managt, kalkuliert, verhandelt, inspiriert, coacht und übernimmt alle Aufgaben, damit ausreichend Zeit und Raum für die pädagogische Arbeit an den Schulen erfolgreich gestaltet werden können. Für den Tagesbetrieb gibt es ein Sekretariat, damit die allgemeinen administrativen Aufgaben, die ein operativer Tagesbetrieb erfordert, erledigt werden, wie zum Beispiel Auskünfte zur Schule, allgemeine Rückfragen oder Informationsweitergabe von und an Eltern. Andere Angelegenheiten werden direkt an die Steuerungszentrale der Schule – also den Bildungsrat – weitergeleitet.

Leitprinzip der Führungskultur des Bildungsrates als Steuerungszentrale
Die Führungskultur baut auf die Erkenntnis, dass Führung so funktioniert, dass Potenzialentfaltung der Mitarbeiter, regelmäßige Kommunikation sowie ein wertschätzender und würdevoller Umgang zwischen Führungskraft und Mitarbeitern gegeben sind, damit erfolg-

reiches Führen und Leiten möglich ist. Das sind die Grundsäulen für eine erfolgreiche Führung und Steuerung einer neuen Organisation (Steuerungszentrale) – mit dem Ziel, das vorherrschende Betriebsklima prägend zu beeinflussen.

*Die **Steuerungszentrale** ist so zu gestalten, dass der Schulbetrieb – die pädagogische Arbeit – nicht beeinflusst wird. Somit ist es Aufgabe des Bildungsrates, alle personellen, finanziellen, organisatorischen und administrativen Abläufe zu übernehmen – mit dem Ziel, dass die pädagogische Arbeit an den jeweiligen Standorten im Vordergrund steht. Die Aufgaben des Bildungsrates sind neben der Leitungsfunktion die Überwachung und die Reflexion der Schul- und Unterrichtsqualität. Die Entscheidungshoheit für die Schule und für schulische Aktivitäten trifft der Bildungsrat. Alle Maßnahmen werden zum Wohl der Schule und im Sinne der pädagogischen Arbeit gesetzt und kommen den Kindern und Pädagogen zugute. Das **Leitprinzip beinhaltet**, dass mehr Zeit für pädagogische Arbeit, wertschätzende Beziehungsarbeit und Kommunikationskultur sowie kooperative Aktivitäten mit Mitarbeitern, Schülern, Eltern und Schulpartnern vorhanden ist. Das ist das Erfolgsrezept der Schulsteuerung nach dem neuen Schulkonzept.*

Fundamentales Prinzip der Führungskultur: Mitarbeiter stärken

Nicht die Veränderung von Menschen und auch nicht die Beseitigung ihrer Schwächen sind herausfordernde Aufgaben von Führungskräften, sondern die größtmögliche Umsetzung von Stärken und Kompetenzen der Lehrer in den auszuführenden Tätigkeiten im Unterricht. Der Führungs- und Leitungsprozess sind gekennzeichnet von Wertschätzung, *Verantwortung und Pflichtbewusstsein* zugunsten der handelnden Personen in einer Schule.

„Der Fortschritt lebt vom Austausch des Wissens.“ [15]

---

15 Albert Einstein

Zeit ist das wertvollste Gut.[16]
Praxisnahe Fortbildungen oder Zeiträuber?

Wie viele wertvolle Fortbildungen durften Sie im Rahmen Ihrer Berufstätigkeit genießen, die tatsächlich für den Berufs- und Schulalltag brauchbar waren? Überlegen Sie genau, wie viel Zeit Sie in die Veranstaltung investiert haben und wie viel Sie davon tatsächlich im Lebensalltag umsetzen und in Ihrem eigenen Tun verwerten konnten.

Ich habe an vielen Schulentwicklungstagen und Fortbildungsprogrammen teilgenommen, die von teuren Referenten geleitet wurden, und vor allem habe ich viel Zeit dafür aufgewandt. Doch ich durfte wirklich wenig Brauchbares mit nach Hause nehmen. Zugleich erlebte ich auch – besonders dann, wenn es um neue Ansätze des Lehrens und Lernens ging –, dass Lehrer zwar die Veranstaltung besuchten und danach rege Diskussionen im Lehrerzimmer entstanden, das Resümee jedoch lautete: *„Ich höre mir das an, aber im Grunde ist es mir egal. Ich arbeite ohnehin, wie ich will."*

Täglich gemeinsam wachsen

Genau darum geht es. Wir brauchen klare Anforderungen und zielgruppendefinierte Feedback-Instrumente zur eigenen Tätigkeit => eine gesunde und die Menschen würdigende Rückmeldeschleife zur Tätigkeit von leitenden Personen, Lehrern und Schülern, damit die ganzheitliche Entfaltung der handelnden Charaktere in der Schule gegeben ist. Sich fortlaufend weiterzuentwickeln, die eigenen Prozesse zu reflektieren und zu analysieren, muss eine Grundsäule der Arbeit einer Schule sein. Wachstum und Fortschritt eines Menschen können nur dann stattfinden, wenn über das eigene TUN nachgedacht und dieses durchleuchtet wird.

---

16 Seiwert 2014, S. 7

Leere Worte statt zukunftsorientierter Taten

Wie wichtig ist unseren Führungskräften und Entscheidungs-mächten die Schulneuentwicklung? Haben Entscheidungsträger in der Bildungspolitik ehrliches Interesse daran, dass wirklich grundlegend etwas verändert und neu gestaltet wird? Wie wichtig sind diesen Menschen Kinder, Lehrer, Schulleitung und Eltern? Geht es hier tatsächlich um das Wohl unserer Kinder und Jugend? Oder kann es sein, dass es hier auch um Ängste geht, den eigenen Platz zu verändern, oder sieht man die eigene Position dadurch gefährdet? Eine Neuentwicklung fordert in einem neuen System eine neue Einstellung, neue Werte und einen gemeinsamen Sinn, sie bedeutet somit nicht nur ein UMDENKEN, sondern auch eine persönliche Weiterentwicklung – und vor allem viel Zeit und Arbeit. Schulentwicklung kann nur dann Erfolg haben, wenn alle ein gemeinsames Vorhaben verinnerlichen, wenn alle handelnden Personen eine grundlegende Einstellungsveränderung durchleben.

Generationsgedanke zum Wohl der Gemeinschaft

An dieser Stelle eine alte Weisheit: Politiker denken an die nächste Wahl. Ein bewusster Staatsbürger denkt auch an die nächste Generation – und das ist Generationsvorsorge für die Zukunft. Wenn wir hierzu die neuesten Erkenntnisse aus der Genetik, Lernforschung, Hirnforschung und Motivationspsychologie näher betrachten und die Zusammenhänge sehen, dann lässt sich auch schnell erkennen, dass es unmöglich ist, mit den derzeitigen Struk-turvorschlägen eine Veränderung zu erreichen.

Neu gestalten – nicht reparieren und intervenieren

Ist es möglich und sind Menschen befähigt, eine neue Vision von Schule zu entwickeln, die nicht täglich erfahren haben, was Schule wirklich braucht? Weiß ein Ministerium, eine Behörde, was tat-sächlich in den Schulen passiert? Wissen Menschen, die Schulge-setze schreiben und Verordnungen festlegen, was die Menschen, die vor Ort arbeiten, tatsächlich benötigen?

Bereits Peter M. Senge vertritt die Meinung, dass jede Interventionsmaßnahme nur eine momentane Überbrückung ist, und bringt ein einfaches Vergleichsbeispiel: „Wer einen Elefanten in zwei Hälften teilt, bekommt nicht zwei kleine Elefanten",[17] sondern einen toten. Betrachtet man die „Interventionsregeln nach Peter M. Senge" näher, beantwortet sich von selbst, warum Interventionen keine Nachhaltigkeit versprechen. Die zentralen Aussagen lauten: „Die Therapie kann schlimmer sein als die Krankheit."/ „Der leichte Ausweg führt gewöhnlich zurück ins Problem." / „Je stärker du drückst, desto stärker schlägt das System zurück." / „Langsamer ist schneller." [18]

Oder wie Paul Watzlawick argumentiert: „Wie wirklich ist die Wirklichkeit?" [19] **– was in diesem Zusammenhang auch zur Thematik Schule passt.**
Jeder hat seine eigenen Vorstellungen und Wahrnehmungen von einer Sache oder einem Vorhaben. Und daher ist es auch eine Herausforderung, Schule auf einen Nenner zu bringen. Gerade wenn viele Menschen beteiligt sind, besteht die Gefahr, dass das Grundlegende verloren geht.

Schule braucht andere Rahmenbedingungen, eine grundlegende systemische Veränderung. Schule muss von Grund auf neu gedacht werden. Alle Beteiligten in einer Schule müssten den Mut haben, zu sagen: „Da mache ich nicht mehr mit!" – die Lehrerschaft, die Schulleitung und die Eltern zum Wohle ihrer Kinder.
„Es sind Lehrerinnen und Lehrer, die schlussendlich die Welt von Schule und Unterricht verändern werden, indem sie sie verstehen." [20]

---

17 Willke 2005, S. 181.
18 Willke 2005, S. 181.
19 WATZLAWICK, PAUL: Wie wirklich ist die Wirklichkeit? Wahn, Täuschung und Verstehen. München: Piper Verlag, 2010.
20 Schratz/Westfall-Greiter 2010, S. 138

Herausforderungen bringen Talente an die Oberfläche.

Aus der Praxis für die Praxis

Nachdem ich mich jahrelang sehr intensiv mit Schulentwicklung und Bildungsmanagement beschäftigt und an vielen Schulentwicklungsmaßnahmen teilgenommen habe, um mehr Zufriedenheit in die Schule zu bringen, gelangte ich zu der Erkenntnis, dass diese Aktivitäten nur viel Zeit und Geld gekostet hatten. Ich erfuhr es am eigenen Leib, dass es gar nicht erwünscht ist, etwas zum Positiven zu verändern. Das zeigte mir, wie rasch man an massive Grenzen stößt.

Zugleich machte ich auch Erfahrungen mit privaten Gründungsinitiativen, die neue Schule oder neues Lernen realisieren wollten. Die Vorgehensweise und die unterschiedlichen Vorstellungen der Entwicklungsteams zeigten sehr schnell, dass diese Vorhaben nicht gut gehen konnten.

Dazu möchte ich Ihnen einen Vergleich von Franz Eberhart und Benno Kapelari (2010) geben. Die beiden Autoren haben im Handbuch **„Freie Alternativschulen"** auch Einblicke in diese Institutionen gegeben. Der Fokus lag auf Montessori-, Waldorf-, Freinet- und Jenaplan-Schulen und bestätigte meine Untersuchung zur Schulentwicklung.

- „Freie Alternativschulen gibt es sowohl in Österreich als auch international seit vielen Jahrzehnten. Sie haben sich einen eigenen Platz in der Bildungslandschaft erobert und glänzen vor allem durch ihre pädagogische Vielfalt und Experimentierfreudigkeit." [21] [...] „In keinem anderen Reformschulstrang nehmen die Eltern eine so zentrale Rolle ein wie in den Freien Alternativschulen." [22]

---

21 Eberhart/Kapelari 2010, S. 10
22 Eberhart/Kapelari 2010, S. 51

- „Die intensive Mitarbeit der Eltern kann zu Konflikten führen
  […], da viele verschiedene Vorstellungen der Beteiligten unter
  einen Hut zu bringen sind."[23] Häufig fließen auch deren persönliche Interessen in die Schule ein.

Mit diesen Situationen und auch mit der Sorge um das liebe Geld
sowie danach mit der Frage, ob Geldgeber vorhanden sind, werden viele Schulgründer konfrontiert. Ist es dann trotzdem noch
möglich, die Autonomie in der Schulleitung aufrechtzuerhalten?
Oder gibt es Einmischungen in die pädagogische Arbeit seitens
der Geldgeber? Oder macht der Geldgeber Druck? Diese Spannungsfelder sind häufig auch die Ursachen für Krisen und eine
Spaltung innerhalb des Systems, häufig auf Schulleiterebene. Eine
alte Volksweisheit lautet: *„Der Fisch fängt beim Kopf zu stinken
an"*, und das ist eine ganz banale Erklärung dafür, warum diese
Form der Schulsteuerung, langfristig gesehen, keine Nachhaltigkeit erzielen kann.

*Nach vielen Jahren Unterrichtstätigkeit und Mitarbeit in ver-
schiedenen Schulentwicklungsprozessen in der zusätzlichen
Funktion als Fachkoordinatorin, Lernbegleiterin, pädagogische
Gesundheitsberaterin und Projektkoordinatorin wollte und
konnte ich nicht mehr zuschauen, wie Kinder, engagierte Pädagogen und auch Eltern kaputt gemacht werden.* So wie unser
herkömmliches Schulsystem beschaffen ist, könnte man sich zu
Tode arbeiten, wollte man innerhalb des bestehenden Systems
etwas wirklich Zukunftsweisendes erreichen und Dinge dahin
gehend verändern wollen. Das ist ein unrealistischer Weg, weil
man als Pädagoge und auch Leiter gar nicht die Macht hat, eine
Veränderung herbeizuführen.

---

23 Eberhart/Kapelari 2010, S. 67

Frau M(m)acht Schule ist frei von der Macht, die wir erlebten.
Daher entschied ich, eine eigene neue Schule zu gründen – nein, nicht nur eine neue Schule, ein neues Schulsystem, einen neuen Schultyp. Im Schulentwicklungsprozess bin ich von den Fragen ausgegangen, um welche Menschen es geht, wie die Systeme aufgebaut sind und wie man Schule neu gestalten kann, ohne sich ganz außerhalb der bestehenden Systeme zu bewegen, sondern *das Bestehende mit einer neuen Bewusstheit neu zu gestalten. Nicht mehr infrage zu stellen, zu kritisieren, sondern es zu TUN. Das heißt, wer sich der Pädagogik und dem Lernen verschreibt, möge aufwachen und es TUN. „MACHT IST AUFWACHEN UND MUTIG SEIN."*

Zugleich habe ich bestehende Pädagogik- und Organisationskonzepte zur Schulleitung an bereits bestehenden Alternativschulen erlebt, beobachtet und reflektiert. Mein wichtigstes Ziel war es, eine Schule zu schaffen, in der jeder seinen Platz hat, in der es jedem in seiner Entwicklung und Entfaltung gut geht. Bildung und Entfaltung gehören für mich eng zusammen, weil Bildung ein Entfaltungsprozess sein soll.

Einblick in ein Interview mit einer alleinerziehenden, berufstätigen Mutter dreier Kinder

Warum haben Sie sich entschieden, Ihr Kind an die Privatschule zu geben? Was hat Sie am Konzept – an der Schule – überzeugt?
„Ich habe mir im Zeitraum der Schulauswahl viele Schulen angesehen, also öffentliche Schulen und auch Alternativen zum gemeinen Schulwesen, wie Waldorf- oder Montessori-Schulen. Doch keine hat mich wirklich überzeugt. Ich war auf der Suche nach einer Schule, die wirklich Werte- und Wissensbereicherung lebt, einer Schule, die meinem Kind ab dem Pflichtschulalter ein sehr gutes Handwerkszeug fürs spätere Leben mitgibt, um die Basiskompetenzen in Mathematik, Deutsch und Englisch sehr gut zu verinner-

*lichen, aber auch, um die nötigen Grundlagen zu lernen, damit Fähigkeiten im persönlichkeitsbildenden und auch sozialen Bereich gestärkt werden. Das Schulkonzept von Frau Schmolmüller kann man nicht nur beschreiben, man muss das Miteinander im Alltag miterleben, dann kann man erst wissen, wie diese neue Schule lebt. Frau Schmolmüller entwickelte ein Konzept für eine neue, zeitgemäße Schule – also eine neue Schulphilosophie, neue Werte der Schulkultur, neues Lernen, um die Kinder Kinder sein zu lassen. Das bedeutet in der Praxis: Schule mit Freude und Begeisterung erleben, seelische Bildung, Grundsätze lehren für Menschlichkeit, Persönlichkeit, Selbstwert, Vertrauen – und genauso stelle ich mir eine zeitgemäße Schule vor. In jeder Hinsicht die Persönlichkeit des Kindes zu stärken, Wissen zu erfahren, zu begreifen – ohne Druck, ohne Angst und mit völliger Leichtigkeit. **Da ich ja schon von vielen alternativen Gründungsinitiativen tiefgreifende persönliche Eindrücke gewonnen hatte, hat mich der deutliche Unterschied des Fundaments der Gründung zu vergleichbaren Initiativen besonders überzeugt.** Es war nicht so, wie von den meisten Gründungsinitiativen im Privatschulwesen bekannt ist, dass sich Elterngemeinschaften auf den Weg machten und eine Schulgemeinschaft gründen. Nein. Diese Schulgründung und das Fundament dieses Schultyps basieren auf fundiertem fachlichem Wissen. Es handelt sich hier um eine Gründungsinitiative einer Diplompädagogin und Vorreiterin, die eine Fülle an Erfahrungen aus der Praxis mitbringt und diesen neuen Schultyp ins Leben gerufen hat – für unsere Kinder und deren Eltern. Sie bestärkte, überzeugte und zeigte uns den Weg, wie man es anders machen kann. Sie gab uns Familien – uns Eltern – eine neue Sichtweise von Schule. Wir durften es miterleben, wie **SCHÖN SCHULE** tatsächlich sein kann.*"

Einblick in die jahrelange Arbeit der Schulentwicklung
Ich beleuchtete systematisch, was einzelne Personen im System Schule brauchen. Darunter verstehe ich: Was ist im Unterrichts-

prozess wichtig, damit gehirn- und gedächtnisgerechtes Lehren und Lernen möglich sind? Ich entwickelte einen pädagogischen und organisatorischen Ansatz zur Unterrichtsarbeit, worin ich Umsetzungsbausteine und Anleitungshinweise für Pädagogen erstellte und die Ziele, dass individuelles und sinnstiftendes Lehren und Lernen realisiert werden können sowie das **Kind mit seinen Anlagen im Mittelpunkt des Lehrens und Lernens steht**, verfolgte.

Ich arbeitete heraus, welche Aufgaben, Führungsmerkmale und Kompetenzbereiche erforderlich sind, um eine neue Generation von Schule zu leiten, damit der Schulfrieden, die Schulqualität und somit der Lernerfolg gegeben sind.

Welche Anforderungen sind in der Beziehungs- und Kommunikationskultur wesentlich, damit Schule ein Ort der Begeisterung und des Friedens sein kann? Der Fokus wurde auf alle handelnden Personen in einer Schule gerichtet. Es wurde zuerst das Beziehungsfeld zwischen Schülern und Lehrern, der Schulleitung und den Pädagogen beobachtet und dann jenes der Eltern. Das war die grundlegende Beobachtung zur Datenanalyse im Entwicklungsprozess. Diese Fragen haben mein Tun bewegt, um systematisch Schule neu zu denken: Was brauchen Kinder? Was benötigen Pädagogen und Leiter? Was brauchen Eltern? Welche Maßnahmen sind essenziell, damit eine Vereinbarkeit von Schule, Familie und Beruf ermöglicht wird? Welche Anforderungen stellen weiterführende Schulen und Berufsbilder an einen jungen Menschen? Welche Kriterien sind gefordert, die im weiterführenden Studium von Nutzen sind? Was fordert die Wirtschaft von jungen Mitarbeitern?

Zugleich recherchierte ich, was in den Unternehmen gebraucht wird. Ich wandte mich an Führungskräfte von Firmen. Diese bestätigten mir, in welchen Bereichen es in Betrieben Spannungsfelder gibt und was Persönlichkeiten – zukünftige Experten – für die erfolgreiche Arbeit in der Wirtschaft brauchen. Viele Chefs kritisierten, dass die Lehrlinge für ihre Arbeit unzureichend ausgebildet und sehr wenige Menschen fähig sind, sich selbst zu organisieren. Unternehmen müssen viel Geld wegen der Fehler ihrer Mitarbeiter investieren – das wundert mich nicht.

Diese Rückmeldungen aus der Wirtschaft bestätigten, dass z. B. Persönlichkeitsbildung schon ab der frühen Kindheit ein Bestandteil der Erziehung sein muss – nicht nur im Unterrichtsfach, sondern im täglichen Miteinander.

Eltern und Großeltern sprechen

„Wir brauchen Mitarbeiter, die neben fachlichem Können auch in der Persönlichkeitskompetenz ausgebildet sind. Es sollte eine Selbstverständlichkeit in unserer Gesellschaft sein, dass junge Leute fähig sind, sich selbst und ihre Arbeit einzuteilen. Dass sie wissen, welche Höflichkeitsformen im Miteinander gepflegt werden sollten. Dass sie wirklich eine Ahnung haben, wie man mit Kollegen umgeht, wie man Kunden wahrnimmt und auf sie zugeht und vieles mehr. Und all diese Werte werden in der Schule von Frau Schmolmüller gemeinsam gelebt und die Kinder bereits ab der ersten Schulstufe in Persönlichkeitsbildung unterwiesen.“ (Resümee des Interviews mit einem Unternehmer und Vater)

„Eine Familie zu versorgen und zu erhalten, ist heutzutage eine Herausforderung. Es ist meist notwendig, um den Lebensaufwand decken zu können, dass beide Elternteile arbeiten gehen. Was ich wiederum sehr schade finde, denn Kinder brauchen im Kleinkindalter ihre Eltern. Und die Aufgabe, die eine Mutter oder ein Vater in diesem Zeitraum hat, verdient meiner Meinung nach die höchste Wertschätzung, denn für ein Kind muss man da sein. Warum, glauben Sie, gibt es so viele Probleme? Weil unsere Zeit gar nicht dafür ausgerichtet ist, dass eine Vereinbarung von Familie, Schule und Beruf tatsächlich geben ist. Es wird immer

*davon gesprochen, doch wenn wir uns umschauen und die Reali-
tät betrachten: Wie viele familienfreundliche Unternehmen gibt
es wirklich? Wo werden wirklich Maßnahmen hierfür getroffen?
Das sind Einzelfälle!" (Schlussfolgerung aus einem Interview mit
einem Abteilungsleiter, Vater und Großvater)*

***Kinder sind unser Gold auf Erden – die Schatzkisten der
Zukunft. Sie sind die Menschen, die in Zukunft in unseren
Systemen arbeiten, Lösungsansätze entwickeln und Entschei-
dungen treffen.***

Ein neuer Anfang – ein neues Leben

Kaum etwas prägt einen jungen Menschen so wie der Eintritt
in die Schule. Daher haben diese Kinder das Beste in höchster
Form verdient. Und wir müssen die Verantwortung dafür übernehmen, dass jedes Kind sein Recht auf eine allumfassende und
kindgerechte Entwicklung, Bildung und Entfaltung in Anspruch
nehmen kann.

Der Übergang vom Kindergarten in die Schule stellt eine sehr
bedeutende Veränderung im Leben eines Kindes dar. Bereits der
erste Kontakt mit der Schule ist für jedes Kind maßgebend, denn
an diesem ersten Tag in der Schule werden die ersten prägenden
Erfahrungen gemacht, die entscheidend für die weitere Entwicklung eines Kindes sind. Im Unterschied zum Kindergarten gibt es
veränderte Werte, Regeln und Anforderungen, die einen Schulalltag kennzeichnen. Das Wesentliche dabei ist die Vorfreude auf
die Schule: „Ich darf endlich in die Schule gehen!"
Die Aufgabe von Schule fürs 21. Jahrhundert muss sein, diese
Vorfreude, die von Anbeginn gegeben ist, zu erhalten und darauf
das Lernen und Gestalten aufzubauen, eine Schule zur Verfügung
zu stellen, wo sich Kinder allumfassend zu lebensbejahenden
Jugendlichen entwickeln können.

Schuleinschreibung: Vorfreude oder ‚Der Ernst des Lebens beginnt'?

Schule wird zum Tagesthema in einer Familie. Die Eltern sind bemüht, dass sie die richtige Entscheidung treffen und eine gute Schule für ihr Kind finden.

Viele Eltern haben mir berichtet, dass bereits der Tag der Schuleinschreibung ausreichte, damit die Kinder die Freude darüber, endlich zur Schule gehen zu dürfen, wieder verloren. Ich war oft fassungslos darüber, wie der Tag der Schuleinschreibung gestaltet wurde. Oftmals reichte der erste Tag aus, um die erste Erfahrung mit Schulangst zu machen.

Wahrnehmungen und Rückmeldungen

„Der Schuleinschreibetag in der Volksschule bei uns im Ort war eine einzige Massenabfertigung. Es gab keine Aktivitäten, um einen persönlichen Zugang zum Schuleinschreiber zu bekommen. Es war nur stressig." (Eine Mutter berichtete vom Schuleinschreibetag in einer herkömmlichen Schule.)

„Ja, mein Kind ging verloren. Die Pädagogen wussten nicht, wo mein Kind war. Man sagte zu mir, wir Eltern sind hier nicht erwünscht und in circa eineinhalb Stunden können wir unsere Kinder abholen. Es war so weit und mein Kind war nicht mit in der Gruppe. Sie haben es einfach im Turnsaal vergessen." (Rückmeldung einer Mutter)

Die Begeisterung am Tun soll am Schuleinschreibetag im Vordergrund stehen. Daher wird die Schuleinschreibung im neuen Schultyp in Kleingruppen und an mehreren Tagen gestaltet. Die Übungen sind so aufgebaut, dass die körperliche, emotionale und geistige Entwicklung des Kindes am jeweiligen Tag beobachten werden kann. Eine harmonische persönliche Beziehung zu erlangen, ist der Grundstein für den ersten Kontakt mit der Schule. Ein herzliches Empfangen soll die Anspannung bei Kindern und auch deren Eltern abbauen. Wichtig ist, dass an diesem Tag nicht nur beobachtet wird, ob die Schulreife vorhanden ist, sondern eine positive Beziehung zu den Personen aufgebaut wird. *„Wir machen keine Tests, sondern wir betrachten das Kind ganzheitlich. Es kommt auch mal vor, dass ein Kind etwas schüchtern und unsicher ist. Geht man auf dieses Empfinden ein, dann löst sich diese Unsicherheit sehr rasch.“*

Kinder & Eltern berichten
Ist ein Kind zufrieden, dann gibt es meistens eine kurze Antwort und die lautet: „Schön.“ (Rückmeldung einer Schülerin am Tag der Schuleinschreibung)

„Der Schuleinschreibetag an der Privatschule war sehr entspannt. Wir Eltern durften an der Schule bleiben und nutzten die Zeit im Aufenthaltsraum zu Gesprächen. Wir bekamen auch eine Tasse Kaffee und ich habe mich mit den anderen Eltern ausgetauscht. ‚Mama, in diese Schule will ich unbedingt gehen‘, war die Rückmeldung von meiner Tochter.“ (Statement einer Mutter)

Die ersten Schulwochen: Begeisterung oder Anspannung?
Viele Eltern und Kollegen haben immer wieder betont, welches Chaos oftmals in den ersten Schulwochen vorherrschte. Kennen Sie das?
Auch wissenschaftliche Untersuchungen belegen, dass die ersten Wochen in einem System sehr einschneidend sind – besonders was die Schulatmosphäre und das Verhalten der Menschen in diesem System betrifft. Prägend ist auch, wie hier die ersten Lernerfahrungen gemacht werden. Die Schulluft wird also in den ersten Wochen innerlich verankert.

Zusätzlich kommt es auch oftmals zu Enttäuschungen bei den Schulanfängern. Die meisten Kinder freuen sich auf die Schule, um endlich mit dem Rechnen und Lesen zu beginnen, denn in sehr vielen Kindergärten wird ja schon spielerisch gearbeitet, um die Kinder auf das Schulleben vorzubereiten. Es gibt sehr gute Kindergärten, die spielerisch Mathematik, Deutsch und Englisch einbauen, um so eine Vorfreude auf die Schule zu wecken. Viele Kinder werden schon im Kindergartenalter mit Zahlen und Buchstaben vertraut gemacht und manche können schon lesen oder rechnen. Und wenn sie dann in den ersten Wochen in der Schule nur Kreise ziehen, Kästchen anmalen oder Schwungübungen machen, verstehe ich, dass sie frustriert sind.

Eltern berichten

„Die Unterforderung meines Sohnes begann bereits in den ersten Wochen in der ersten Klasse der Volksschule. In diesem Zeitraum haben sie fast nur gezeichnet. Jeder Tag war aufs Neue belastend. Er war in einer Klasse mit vielen Kindern. Er ist sehr wissbegierig und geistig ein bisschen reifer als andere in seinem Alter. Er hat sich dort nicht wohlgefühlt. Es gab zu wenig individuelle Betreuung. Er ist untergegangen. Und dann hat ihn nichts mehr gefreut. Es war eine klassische Unterforderung und die Pädagogen erzählten uns immer wieder, was er nicht alles könne. Wir kennen unseren Sohn: Wenn er nicht gefordert wird, wird er lästig und störend."

Für Kinder ist das Lernen wie Arbeit. Motivation x Arbeit = Erfolg

Der Grundsatz, dass Lernen Begeisterung und Freude wecken soll, ist eine Grundvoraussetzung, um an das Selbstwirksamkeitskonzept anzuknüpfen. Freude und Begeisterung sind die Schlüssel zur Umsetzung – also zum Tun. Für ein Kind ist Lernen wie Arbeit.

Daher ist es grundlegend, dass eine Freude gegeben sein muss. Der Neurobiologe Gerald Hüther hat viele Untersuchungen und Forschungsergebnisse veröffentlicht, um die Zusammenhänge von Lernen und Hirntätigkeit zu erklären. Daher argumentiert er ganz einfach: „Begeisterung ist Dünger fürs Hirn." [24] Wenn Sie mehr dazu erfahren wollen, empfehle ich Ihnen, in den Büchern der modernen Experten, die sich mit Genetik und Hirnforschung auseinandersetzen, zu lesen.

Das Lernen in der Schule ist für Kinder so wie für uns Erwachsene die Arbeit, der Beruf. Für Ihre Kinder ist die Schule Arbeit – so wie für Sie Ihr Beruf.

Überforderung der Pädagogen und Unterforderung der Schüler

Das große Problem im gesamten Schulsystem sehe ich in der Überforderung der Pädagogen durch zu große Klassengrößen und auch zu wenig Platz in den Klassen, denn die Lehrkräfte müssen dann sehr viel Zeit und Kraft investieren, um Ruhe und Frieden in den Klassenverband zu bringen. Da passiert es dann häufig, dass es zur ersten Unterforderung der Schüler kommt.

Pädagogen sprechen

„Ich bin Lehrerin in einer 2. Klasse einer öffentlichen Volksschule. Das Hauptproblem dort ist, dass einfach zu viele Kinder in den Klassen sind. Ich brauche rund 50 Prozent der Zeit und auch meiner Energie, bis ich einmal Ruhe in eine Klasse bringe und mit dem Unterricht beginnen kann."

Das alte Lied: Kein Mensch hält sich an die Erkenntnis, dass jedes Kind ein Wesen mit ureigenen Gefühlen und inneren Kräften ist.
Kinder sind eigenständige Persönlichkeiten. Sie wissen ganz genau, wer sie sind, was sie können und wo ihr Interesse ist. Leider Gottes passiert oftmals schon so viel in den ersten Lebensjahren, dass ureigene Fähigkeiten verloren gehen.

---

24 Hüther 2011, S. 92

Wir müssen Kinder in ihrem Sprechen, Denken und Handeln ernst und für wahr nehmen. Die Erkenntnisfähigkeit von Kindern ist sehr fein ausgeprägt. Kinder sind feinfühlige und auch ehrliche Persönlichkeiten. Sie sprechen aus, was sie fühlen und denken, und lassen sich nicht in ein vorgefertigtes Schema einpressen. Kinder lernen nicht nur über das Begreifen und Erfahren, sondern brauchen beim Lernen die intensive Beziehung, den vertrauten Kontakt zum Pädagogen sowie den kommunikativen Austausch. Ein Kind muss man sprechen lassen. Somit können Sie sich vorstellen, dass ein Lernen im Frontalunterricht und mit veralteten Methoden speziell im Grundschulalter nie und nimmer funktionieren kann. Ganzheitliches Lehren und Lernen erfordert, dass die Zeit für persönliche Beziehungen vorhanden sein muss. Ein vertrautes Verhältnis ist der Grundstein, damit Lehren und Lernen funktionieren können. Gerade bei den jüngsten Schülern, also in der Grundschule, fordert der Lernprozess ausreichend Zeit für persönliche Gespräche, da die kognitive Entwicklung von Kindern ganz anders ist als von Erwachsenen. Kinder fordern es vom Lehrer ein, das WARUM, WIESO und WESHALB des Lernens zu beantworten. Erwachsene haben oft die Angewohnheit, dass sie Kindern Denkstrukturen auferlegen, die eigentlich der Natur von Erwachsenen entsprechen.

Kinder brauchen Pädagogen als Helfer, Lebensbegleiter und Beobachter.

Man kann es nicht oft genug erwähnen: Eine Lehrbefähigung zu haben, bedeutet noch lange nicht, imstande zu sein, ein Kind zu unterrichten oder Schüler beim Lernen zu begleiten. Werden Pädagogen in ihrer Ausbildung ungenügend vorbereitet? Lernt man in der Grundausbildung wirklich praktische Ansätze, die für den Schulalltag relevant sind? Werden Pädagogen in der Ausbildung wirklich angeleitet und befähigt, die individuellen Potenziale und Bedürfnisse der Kinder zu erkennen und auch in ihrem Unterricht entsprechend darauf einzugehen? Hat ein Pädagoge überhaupt die Chance und Möglichkeit, in den derzeitigen Strukturen eine Individualisierung und Differenzierung in der Unterrichtsarbeit zu erreichen?

Wir wissen alle, dass das nicht geht, und jeder wünscht sich, in einem Umfeld zu arbeiten, in dem eine wertschätzende Kultur und transparente Struktur herrschen. Eine positive Stimmung in der Schule und im Klassenzimmer zu erzeugen, ist die Grundvoraussetzung, damit Lehren und Lernen überhaupt Sinn machen! Der Großteil der Schüler und speziell der Kinder nimmt das Empfinden eines Erwachsenen ganz genau wahr. Junge Menschen bemerken, wenn ein Erwachsener nicht gut gelaunt ist oder eventuell Sorgen hat. Daher ist es wichtig, dass man es schafft – auch wenn es noch so schwer ist –, den eigenen Ballast zu Hause zu lassen. Und wenn Probleme alleine nicht zu bewältigen sind, muss jeder die Eigenverantwortung übernehmen und dafür sorgen, dass ein anderer zu Rate gezogen wird, damit ein ganzheitliches Wohlbefinden wieder erreicht wird.

Das Kind steht im Mittelpunkt des Lehrens und Lernens – das Kind als eigenständige Persönlichkeit!
Die Gießkanne im herkömmlichen Schulalltag lässt die Früchte nicht gedeihen, sie macht den Schulalltag grau.

Der gleiche Lerninhalt soll von allen Schülern zur gleichen Zeit mit möglichst einheitlicher Geschwindigkeit und mit einer einzigen Methode (meist auch über einen einzigen Sinneskanal) *aufgenommen werden.* Das kann nicht funktionieren! Menschen haben unterschiedliche Lernerfahrungen. Die Entwicklungspsychologie und die Lernforschung betonen es immer wieder, dass jedes Kind trotz gleichen Alters unterschiedliche Entwicklungszyklen und Lernzugänge hat.
Wie oft kommt es vor, dass Pädagogen jedes Jahr die gleichen Unterrichtskonzepte heranziehen, obwohl sie andere Kinder/

Schüler unterrichten! Wie sehen Differenzierung und Individualisierung im Unterrichtsalltag aus?

Beispiel aus der Berufspraxis: „Als ich in der Eröffnungskonferenz meinem Direktor mitteilte, dass ich bereits im neuen Schuljahr 8 Unterrichtsfächer in 5 unterschiedlichen Jahrgängen und Klassen unterrichte, sagte ich, dass für mich ein weiterer Gegenstand nicht mehr zumutbar ist und an andere Kollegen vergeben werden sollte. Eine andere Kollegin, die schon einige Dienstjahre hinter sich hatte und fast immer nur die gleichen Gegenstände unterrichtet hat, sagte daraufhin zu mir: *Warum bist du auch so blöd und bereitest deinen Unterricht jedes Jahr aufs Neue vor?*"

Das Schulbuch: der geheime Lehrplan und Meister

Der Lehrplan ist ein Konstrukt, das Lerninhalte festlegt, es aber gerade in der Grundschule auch erlaubt, Schwerpunkte zu setzen. Das Schulbuch ist der geheime Lehrplan, an den die Pädagogen gebunden sind. Dadurch entsteht Druck, weil darin mit anderen Klassen verglichen wird und das Buch „fertig gemacht" werden muss. Daraus resultieren die Hausübungen und der Vergleich mit den Kollegen, wie weit man schon im Schulbuch vorangekommen ist. Wenn die Unterrichtsgestaltung nicht vielfältig und kreativ ist, wie soll dann der Schüler zum Mitarbeiten begeistert werden und nachhaltig lernen können? Welche Methodenauswahl haben Kinder im Laufe eines Schultages? Stimmen die Methoden mit den Entwicklungszyklen und Lerntypen von Kindern überein? Wie sehen die Unterrichtskonzepte aus? Wie viele Sinne werden beim Kind angesprochen? Sind die Methoden schülerzentriert, kreativ und lebensnah? Das sind Fragen an Pädagogen, um einen schülerzentrierten und lebensbegleitenden Unterricht aufbauen zu können! Sind Ihre Schüler – die Kinder – am Ende des Schultags ausgeglichen, glücklich und zufrieden?

Die Kunst und das Können, miteinander zu sprechen

Ist den Erwachsenen eigentlich bewusst, wie wichtig die Wahl der Sprache in der Zusammenarbeit mit Kindern ist? Über Sprache kann man vor allem bei einem Kind sehr viel Positives bewirken und Kinder im TUN bestärken oder begeistern. Das Wort eines Erwachsenen gibt einem Kind auch Vertrauen und Sicherheit. Druck und Macht können aber auch das Gegenteil bewirken. Es wird immer wieder betont, wie wichtig eine wertschätzende Kommunikation ist. Wie kann es dann passieren, dass es trotzdem dazu kommt, dass Schüler im Unterricht verbal gekränkt oder demotiviert werden? Das ist doch unverantwortlich und prägt Kinder für ihr ganzes Leben negativ, wenn ihnen gesagt wird: „Du bist zu dumm!" oder „Das kannst du nicht!" Alle Menschen, die Kinder begleiten, müssen ihre Sprache achtsam wählen und darauf achten, dass eine bestärkende Sprache angewandt wird. Kinder denken sehr lange darüber nach, **was wer wie** gesagt hat. Die Zeit für ausreichende Gespräche und der Dialog sind gefragt. Zielführende Kommunikation und wertschätzende Kommunikationsstrukturen können im Vorfeld viele Irritationen und Missverständnisse aus dem Weg räumen.

Fallbeispiele aus der Praxis für die Praxis
Fallbeispiel 1: Maxi, die Lehrerin und das Einmaleins
Maxi ist noch unsicher mit dem Einmaleins. Das heißt, er kann die Ergebnisse nicht sofort sagen, sondern braucht noch sehr viel Zeit, bis er die passende Lösung hat – ein Zeichen dafür, dass das Training noch fehlt und die Automatisierung im Hirn noch nicht stattgefunden hat. Es wird in der Schule schon sehr viel geübt, doch er braucht noch mehr Einheiten, bevor Neues gelernt wird. Am Ende des Tages muss die Lehrerin Maxi sagen, dass diese Fähigkeit des Einmaleins-Lernens noch nicht ganz automatisiert wurde und noch mehr Training verlangt. In ganz verständlicher und achtsamer Form erweckt die Lehrperson Maxis Verständnis, indem sie sagt: „Das macht ja nichts, dass das noch nicht so gut

klappt. Wir werden alles tun, damit du darin besser wirst. Schau, das klappt doch auch schon so gut." Durch eine bestärkende Sprache ist Maxi nicht demotiviert und hat auch nicht das Gefühl, dass er ein Versager ist oder mit ihm etwas nicht stimmt. Nein. Durch das Gespräch mit seiner Pädagogin hat er aufgenommen, dass es halt noch wichtig ist, zu üben. Damit das Üben und Trainieren routiniert und auch im Gespräch positiv vermittelt werden, um so auch Freude zu wecken, dafür hat die Lehrerin ein abwechslungsreiches Trainingsprogramm erstellt. Die Übung erfolgt mit kreativen Methoden, damit diese Basisfertigkeit nochmals trainiert wird. Die Lehrerin erklärt Maxi noch mal das Einmaleins durch eine Handlung (handlungsorientiertes Lehren und Lernen). Und dann wird das Einmalseins erneut in der Verwendung von Lernspielen trainiert. Möglichkeiten sind in Form von Karten-, Brett- und Ballspielen gegeben, um die Mathematik zu üben – mit dem Ziel, das Gelernte laufend zu wiederholen.

Gegenbeispiel – Fallbeispiel 2: Moritz, die Lehrerin und Kreatives Gestalten

Moritz malt im Fach Kreatives Gestalten nach dem Arbeitsauftrag der Lehrerin ein Bild. Die Lehrerin hängt alle Bilder an die Pinnwand, sieht sich jedes kommentarlos an und sagt dann nur zur Zeichnung von Moritz: „Dein Bild gefällt mir aber nicht." Moritz ist momentan ganz ruhig und antwortet dann: „Warum gefällt dir mein Bild nicht?" Die Lehrerin entgegnet nur: „Es gefällt mir einfach nicht!"

Entspricht das Verhalten der Pädagogin dem Handeln eines pädagogischen Experten? Ist ihr Verhalten pädagogisch wertvoll?

Ist es pädagogisch richtig, dass die Lehrerin ihre Emotionen angesichts der Zeichnung so äußert? Wie würden pädagogische Experten handeln bzw. kommunizieren?

Welche Maßnahmen würden Sie setzen und wie könnte Ihr Sprachgebrauch ausfallen?

Aus der Praxis für die Praxis: Einblick in das Schulkonzept
„Kommunikationstraining und Spracherziehung sind wesentliche Bestandteile. Die Lehrer sind daher angewiesen, die Schüler laufend darin zu trainieren, damit die Entwicklung der Kommunikationskompetenz gegeben ist. Lehrer haben ihre Sprache bewusst in präziser, wertschätzender, positiver Ausdrucksweise zu formulieren. Sie sind sprachliche Vorbilder." (Auszug aus dem pädagogischen Konzept MeineSchule1)

Hinweise aus der Praxis für die Praxis
- **Wertschätzende Sprache und vorbildlichen Sprachausdruck praktizieren**
- **Mit den Kindern gemeinsame Prinzipien pflegen, die bestärkend für den Einzelnen, aber auch für die Gruppe sind, wie:**
  – „Der Ton macht die Musik."
  – ‚Das kann ich nicht' gibt es nicht! Wir sind ja hier, damit wir es lernen!
  – Lügen haben kurze Beine.
  – Fehler zu machen, ist menschlich. Wichtig ist, dass wir aus Fehlern lernen und daran wachsen.
  – Stärken unterschiedlicher Persönlichkeiten erkennen, keine Bewertung hinsichtlich des Andersseins machen, keine Beurteilungen von Empfindungen etc.
  Jeder ist anders – und das ist gut so!

Emotionale Intelligenz durch die Sprache zum Ausdruck bringen: Schüler sollten darin bestärkt werden, dass sie über die eigenen Gefühle sprechen dürfen, wenn es ihnen nicht gut geht oder sie sich beim Lernen nicht auskennen. Man sollte ihnen ein vertrautes Gefühl geben, dass sie sich in Zeiten mit Sorgen oder Herausforderungen an den Pädagogen wenden dürfen, und das Kind auch lehren, über die eigenen Gefühle zu sprechen. Denn wenn offene Fragen im Kopf eines Kindes stehen oder Kinder Sorgen haben, kann kein Inhalt aufgenommen werden und ein

Lernen ist dann unmöglich. Pädagogen brauchen die Fähigkeit, aktiv zuhören zu können und die Botschaften der Kinder zu verstehen. Schule einer neuer Generation erfordert es, dass im Unterricht ausreichend Zeit für Gespräche vorhanden sein muss.

Abwesenheit durch Krankheit

Ich kann mich noch gut erinnern, dass ich, wenn ich als Kind krank wurde, in diesen Tagen sehr gut betreut wurde, um wieder schnell gesund und fit für die Schule zu werden. Meine Mama und mein Papa waren immer mit viel Arbeit beschäftigt und ihre Freizeit war sehr knapp bemessen. Da ich in einer Generationenfamilie aufgewachsen bin, wurde alles anders, wenn ein Kind krank wurde. Meine Eltern änderten ihre Arbeitsplanung, um dafür zu sorgen, dass wir Kinder sehr gut betreut waren, damit wir wieder rasch genasen.

Wenn ein Kind krank ist, ist es von großer Wichtigkeit, dass man Zeit für das Kind aufbringt. Dass jemand da ist, ist für ein Kind essenziell, um wieder schnell gesund zu werden. Es war auch für meine Eltern eine Herausforderung, ihr Tun zu verändern, doch sie machten es. Zugleich hatten wir in einem Generationenhaushalt den Vorteil, dass auch Oma oder Opa bereit waren, ihre Arbeitsplanung oder ihre Tagesroutine zu verändern. Es erklärte sich also immer ein Erwachsener bereit, für das Kind da zu sein. Heutzutage ist es eine enorme Belastung für die Eltern, wenn ihr Kind krank ist. Einerseits sind die Rahmenbedingungen sehr schwer, um schnell in der Arbeitswelt reagieren zu können, und andererseits wird oft die Wichtigkeit in dieser Situation nicht wirklich wahrgenommen. Eltern bekommen einen wahrhaftigen Stress, wenn ihr Kind krank ist. Daher passiert es dann auch, dass ein Kind krank in die Schule kommt, weil Eltern keine Möglichkeit haben, es zu betreuen.

So erfahren Kinder in solchen Situationen schon, dass es, wenn es ihnen nicht gut geht, nicht wirklich jemanden gibt, der für sie in diesen Tagen rund um die Uhr da ist, um wieder vollkommen fit zu werden. Das Gefühl, eine Bürde für die Eltern zu sein, belastet dann ein Kind. Solche Fälle erlebte ich in vielen Situationen im Berufsalltag. Kinder kommen krank in die Schule und niemand hat Zeit, sich in diesen Tagen ihrer anzunehmen. Gerade in Familien mit Alleinerziehern ist keine Oma und kein Opa im Haus – dann kann es schnell zum Problem werden, Kind und Beruf unter einen Hut zu bringen.

Ein Beispiel aus der Praxis für die Praxis: Wir reden immer über Vereinbarkeit von Schule, Familie und Beruf! Welche Gesetze gibt es, die den Kindern- und Familienrechten entsprechen? Wie werden diese im Alltag gehandhabt? Wie oft kommt es vor, dass ein Elternteil wirklich zu Hause bleibt und es in der Firma meldet, wenn ein Kind krank ist, ohne dass er ein schlechtes Gefühl gegenüber den Vorgesetzten oder Kollegen hat, weil er so kurzfristig nicht in die Arbeit kommen kann. Und hier fängt bereits Generationsvorsorge an! In den vergangenen Jahren durfte ich miterleben, wie schwer es oft für Mütter und Väter war, wenn ein Kind kurzfristig krank wurde.

Auch Zwickeltage und Ferien können für die Eltern sehr belastend sein. Wohin mit ihrem Kind? Die passende Betreuung zu finden und dem Beruf nachzugehen, ist eine Herausforderung für Eltern. Der Lebensrhythmus der Kinder – die innere Uhr im Alltag eines Kindes – wird unterbrochen. Kinder brauchen Stabilität im Alltag, um Vertrauen und Bewusstheit zu sich selbst, zum Lernen und zum Lebensraum außerhalb der Familie aufbauen zu können. Die Feier- und Zwickeltage – betrachten wir den Monat Mai – bringen so manches Chaos, Irritation und Sorgen in eine Familie und auch in die Schule.

Auf Kurs bleiben

Von Anbeginn meiner Lehrer- und Leitertätigkeit an ist es mir wichtig, eine gute Beziehung zu den Schülern, Kollegen und auch Eltern aufzubauen, denn Lernen und ein Zusammenarbeiten brauchen Vertrauen, Beziehung und Wertschätzung. Vertreter eines ganzheitlichen und neuen Lernens betonen immer mehr, wie bedeutend die Beziehungsebene zwischen allen Beteiligten in einer Bildungseinrichtung ist. Auch Carl Rogers hat die Bedeutung und Wichtigkeit der Beziehung ausführlich begründet. *„Die Erfahrung hat gezeigt, dass sich ein Grundgefühl in den ersten Stunden – oft schon in den ersten Minuten – jedes Zusammentreffens entwickelt, das dann die Form der ganzen Zusammenkunft prägt.“* [25] Doch es hilft nichts, wenn wir es in Büchern lesen – wir müssen es einfach TUN.

Anleitungen, um Schüler am Weg des Lernens und Entfaltens zu begleiten: Klare Strukturen geben Sicherheit, Halt und Orientierung für Schüler und Lehrer. Von Anbeginn des Schuljahres wussten meine Schüler ganz genau, welche Lerninhalte wir im Schuljahr bearbeiteten, welche Zielvereinbarungen im Klassenverband galten, um ein harmonisierendes Klassenklima zu erhalten, und welche ethischen und persönlichkeitsbildenden Werte für unsere Zusammenarbeit wichtig waren, damit ein erfolgreiches Arbeiten gegeben war. Somit wurden Schüler ganz klar darüber informiert, was der Sinn unserer Zusammenarbeit war und welche gemeinsamen Werte in der Zusammenarbeit grundlegend waren. Schüler brauchen klare Anweisungen und gemeinsame Prinzipien zur Unterrichtsarbeit. Lernen verlangt nicht nur Beziehung, Vertrauen und Kommunikation, sondern auch Organisation. Ein konsequentes Handeln ist wichtig, damit diese gemeinsamen Ziele verinnerlicht werden und diese Haltung im Klassenverband praktiziert wird.

---

25 Carl Ransom Rogers

Beispiel aus der eigenen Unterrichtspraxis:

Die Schüler lernten nicht nur fachliche Inhalte, sondern auch Schlüsselkompetenzen für lebenslanges Lernen als übergeordnete Bildungsziele im Lehren und Lernen. Sie erfuhren, wie das Lernen funktionierte. Sie lernten, wie sie sich selbst Wissen aneignen und bereits bestehende Kenntnisse, also z. B. Texte zu analysieren, vertiefen konnten. Sie gewöhnten sich Lernorganisation und Zeiteinteilung an und praktizierten die Grundregeln für Kommunikation und Selbstpräsentation. Ebenso richtete ich besonderes Augenmerk auf die soziale Fähigkeit und setzte Aktivitäten, um das Selbstvertrauen und Selbstbewusstsein der Schüler zu steigern. Was sich jetzt sehr kompliziert anhört, bringt jedoch einen Segen für das gemeinsame Arbeiten. Die langjährige Beschäftigung mit Kindern und Jugendlichen bestätigte mir, dass es grundlegend ist, dass die Basis für den Erwerb der Schlüsselkompetenzen bereits in der Grundschule gelegt wird. Daher bilden diese Faktoren für lebenslanges Lernen die fundamentalen Prinzipien der Pädagogik des neuen Schulkonzepts, denn das sind Fähigkeiten, die jeden jungen Menschen im nächsten Lebensabschnitt – in einer weiterführenden Schule, einem Lehrberuf oder Universitäts- oder Hochschulstudium – vorwärtsbringen.

In den ersten Klassen der weiterführenden Schulen erlebte ich auch, dass vielen Schülern die nötigen Basiskompetenzen (vor allem in Mathematik und Deutsch) fehlten.

Ein Beispiel aus dem Mathematikunterricht: Ich unterrichtete eine 9. Schulstufe in Mathematik. Damit ich mit den weiterführenden Inhalten überhaupt beginnen konnte, musste ich vorab die Grundregeln der Mathematik erklären. Ich begann wieder von null, das heißt, ich erklärte die Grundregeln, die eigentlich die Inhalte der Grund- bzw. Sekundarstufe sein sollten. Nach einigen Wochen eines intensiven gemeinsamen Arbeitens haben die Schüler die Grundlagen verstanden und konnten Berechnungen lösen. Wenn Schüler erst nach einer bestimmten Trainingsphase die Inhalte begreifen, darf nicht behauptet werden, dass sie lernschwach sind. Wie gibt es das? Das sind keine Einzelfälle, es passiert so oft, dass Schüler als lernschwach eingestuft werden, dem aber nicht so ist! Können Sie sich vorstellen, wie es solch einem jungen Menschen geht? Wenn er ständig hört, er ist lernschwach, dabei liegt die Ursache in einem ganz anderen Bereich! Daher: Ursache und Wirkung analysieren.

Wenn die **Grundlagen in Deutsch, Mathematik, einer Fremdsprache** in der Grundschule nicht nachhaltig gelernt und automatisiert werden, ist es unmöglich, darauf aufbauende Lerninhalte zu vermitteln. Sie sind die Basis, das Fundament. Darum ist die Grundschulzeit die wichtigste Zeit. Bis zu einem Alter von zehn Jahren festigt sich die kognitive, emotionale und körperliche Entwicklung eines Kindes. Alles, was bis dahin versäumt wurde, ist nicht mehr aufzuholen. *Dann können wir nur mehr reparieren.* Daher müssen wir die Schienen ab der 1. Schulstufe zur Gestaltung der Schule neu legen – und das war auch der Beweggrund, warum die Konzeptentwicklung für den neuen Schultyp ab der 1. Schulstufe startete.

„Kein Ansatz, der sich auf Wissen, auf Training, auf die Annahme irgendeiner Lehre verlässt, kann auf Dauer von Nutzen sein. Haltung ist entscheidend, nicht Worte.“ [26]

Persönliche Fähigkeiten müssen wie die soziale Kompetenz und die Kernbegriffe in Mathematik, Deutsch, Lesen und Schreiben von Anbeginn gelernt werden. Grundsätzlich muss aber betont werden, dass diese Haltung und Einhaltung der Persönlichkeitskompetenz von den Pädagogen auch vorgelebt werden muss. Wie ein bewährtes Prinzip besagt, sollte man einem anderen Menschen nichts abverlangen, das man selber nicht vorleben oder realisieren kann.

---

26 Carl Ransom Rogers

Kinder und Jugendliche brauchen stabile und wertschätzende Strukturen im Miteinander.

Ein Kind, aber auch ein Jugendlicher braucht und fordert es auch ein, nach klaren Strukturen geführt zu werden. Eine Herausforderung für viele Erwachsene in der Zusammenarbeit mit Kindern und Jugendlichen ist, das richtige Mittelmaß zwischen liebevoll sein und doch klar und konsequent bleiben zu finden. Das heißt, respektvollen Handlungsweisen nachzugehen, das Einfordern von Grenzen und die Beständigkeit zu bewahren, um Vereinbarungen im Miteinander durchzuhalten, ist oftmals eine Herausforderung für viele Pädagogen, aber auch Eltern. Kinder nehmen klare Strukturen und Spielregeln sehr gut an, wenn sie verständlich erklärt und liebevoll kommuniziert werden. Versteht ein Kind, warum und wieso ein Erwachsener so handelt, dann nehmen Kinder sehr gut diese Grenzen wahr und die gemeinsamen Regeln im Miteinander an. Miteinander getroffene Vereinbarungen, respektvolle Handlungsweisen und wertschätzend kommunizierte Grenzen sind wichtige Faktoren für das weitere Wachstum eines Kindes und Jugendlichen – und in diesem Lebensabschnitt brauchen sie Menschen mit pädagogischem Herzblut, die sie auf diesem Weg führen. In diesem Sinn ist **die Jugend das Spiegelbild unserer Gesellschaft!**

Was sind Noten wirklich?

Bei den Schülern, die ich unterrichtete oder in den Familiennetzwerken begleiten durfte, wurde ich laufend damit konfrontiert, wie viel Frustration durch ungerechte Beurteilung entsteht.

Es gibt klare Bestimmungen zur Bildung von Noten, in der Realität grassiert ein Wildwuchs sondergleichen: Noten als Belohnungen, Noten als Aufmunterungen, Noten als Machtinstrumente, Noten als Druck, Noten zur Beurteilung der Persönlichkeit, Noten für Aufmerksamkeit – als Stressauslöser?

Einblick in die Berufspraxis: Ich kann Ihnen gar nicht sagen, wie viele unterschiedliche Teste und Schularbeiten ich von Schülern und Eltern erhalten habe mit der Bitte, eine pädagogische Stellungnahme abzugeben. Ich habe oftmals echt die Hände vor dem Kopf zusammengeschlagen und dachte sehr oft: Das kann es doch nicht geben – ist das wirklich real? Meine persönliche Erkenntnis: Bestimmte Kollegen waren für mich ein wahrhaft mutiges Volk, denn ich hätte diese Courage nie gehabt, einen derartigen Test zu erstellen und dann auch noch so zu handeln. Es lebt tatsächlich die Individualität in der Notenvergabe. Ich war und bin oftmals fassungslos. Prüfungen wurden mir gezeigt, die keinen Beurteilungsschlüssel hatten. Kein Punktesystem war ersichtlich oder dieses wurde im Nachhinein (bei der Rückgabe der Tests oder Schularbeiten) mit einer handgefertigten Notiz dazugeschrieben. Angesichts dieser Sachverhalte wurde mir bewusst, dass es sehr viele eigens kreierte Gesetze gibt und eine Konzeptvielfalt in der Notengebung zu finden ist!

Wie werden Noten tatsächlich gebildet? Gesetzlich ist verankert, dass es im Ermessen des Pädagogen liegt. Wie wird das aber kontrolliert und auch evaluiert? Welche Möglichkeiten haben Eltern und Schüler tatsächlich, wenn es um einen Noteneinspruch geht? Sind Eltern so mutig, dass sie sich in diesem Bereich für ihr Kind einsetzen?

Auch ich kann Ihnen ein Beispiel erzählen: Mein Vorgesetzter verlangte von mir, einem Schüler eine bessere Note zu geben, da seine Eltern politisch sehr aktiv waren und sich das somit anscheinend negativ auf das Image der Schule auswirken hätte können. Er begründete es dahin gehend, dass das Ansehen der Schule darunter leiden würde und eine neue Benotung daher „not-wendig" sei! Diese Not und Wendigkeit werden so manchem Pädagogen seitens seines Vorgesetzten abverlangt. Ich blieb meinem Tun treu und erklärte meinem Direktor, dass ich bei einem so unfairen und unprofessionellen Verhalten – diesen NOT-WENDIGKEITEN – nicht mitmache. Ich sei Pädagogin und könne seine Entscheidung nicht mittragen. Sich zu wenden aufgrund des Images einer Schule? Das kann auch als Wendigkeit einer Leitungsfunktion passieren – Dimension der NOT-WENDIGKEIT. Ich habe diese Forderung nicht mitgetragen, es war nicht einfach, doch ich blieb standhaft. Der Schüler brauchte diese Erfahrung, dass seine Leistung in der Schule nicht auf dem Status seiner Eltern beruhte, also durfte er jetzt endlich mal zeigen, wer er war und was er konnte. Ich hatte noch ganz besondere Momente mit diesem Schüler und seine Entwicklung wandte sich enorm zum Guten. Damit möchte ich Ihnen nur demonstrieren, dass Pädagogen einen sehr herausfordernden Job haben – gerade wenn die Schulleitung nach anderen Prinzipien handelt als der Klassenlehrer und dann noch etwas einfordert, das nicht mit den ethischen Werten in einer Schule vertretbar und dann auch noch sowohl von Rechtswidrigkeit als auch fahrlässigem Handeln gekennzeichnet ist. Und das gibt es häufig hinter der Schulfassade!

Wichtiger als eine Note ist, dass ein Kind in der Lage ist, Ziele zu realisieren – auf der Grundlage, dass man ab der 1. Schulstufe mit Feedbackinstrumenten arbeitet. Damit lernen Kinder von klein auf, sich Ziele zu stecken und diese zu verwirklichen. Mit Feedbackinstrumenten zu arbeiten, bedeutet auch, dass Kinder die Chance erhalten, ihre eigene Leistung beim Lernen zu reflektieren. Die Projektarbeit eignet sich sehr gut, um in Erfahrung zu bringen, welche gelernten Fähigkeiten und Inhalte ein Kind in der Praxis, beim Tun, umsetzen kann.

Ist ein Mensch nur dann gut, wenn er keinen Fehler macht? Wie oft hören wir die Worte: Ein guter Schüler ist der, der null Fehler hat. Worauf kommt es wirklich an? Auf das Persönlichkeitswachstum und darauf, dass Inhalte in lebensrealistischen

Situationen umgesetzt werden können? Oder dass wir nur dann gut sind, wenn wir bei der Ansage null Fehler machen? Welche Werte werden einem Kind vermittelt? – Nur dann gut zu sein, wenn es fehlerfrei ist. Daher gibt es schon so viele Kinder, die so viele Ängste haben, etwas Neues zu tun – doch das liegt nicht in der Natur eines Kindes. Doch leider hören sie immer wieder: Wir sind nur dann gut, wenn wir keine Fehler machen.

Aus der Praxis und für die Praxis: *Thema in Deutsch – Schreiben und Lesen:*
Ist es nicht wichtiger, dass wir am Ende imstande sind, einen Brief zu schreiben oder das erste Buch zu lesen, als dass wir in einer spontanen Leistungsabfrage, wie z. B. Lernzielkontrolle, Test oder später Schularbeit, auswendig gelerntes Wissen wiedergeben?

Oder in Mathematik im Zahlenraum 10: Inwieweit kann man Gelerntes in der Praxis umsetzen? Das wirft die Frage auf: Ist es nicht bedeutender für den Lernerfolg, wenn man nachweisen kann, dass ein Kind mit einem 10-Euro-Schein einkaufen gehen kann? Oder zählt es mehr, wenn es die Rechenbeispiele am Arbeitsblatt möglichst fehlerfrei löst? Die Arbeitswelt fordert es, dass wir unser Wissen im täglichen Tun anwenden können. Und das ist meiner Meinung nach die Grundlage, um Kriterien für die Leistungsbeurteilung festzulegen – also eine Note zu geben.

Ich frage Sie: Ist es nicht wichtiger, dass wir Kindern beibringen, wie Gelerntes im praktischen Tun umgesetzt wird? Erst dann können wir nämlich von Kompetenzerwerb sprechen. Kompetent sind wird dann, wenn wir Wissen und Gelerntes auch anwenden können. Zum Beispiel: Jemand hat 10 Kurse belegt und Zertifikate dafür erhalten. Er hat jedoch dieses Wissen in der Praxis nie angewandt. Kann es dann sein, dass diese Person trotz dieser Qualifikationen kompetent ist, auch wenn sie die gelernten Inhalte nie in der Praxis gebraucht hat?

Reflexionskultur von Beginn an pflegen und eine positive Sprache wählen

Der Tagesplan sollte immer damit enden, dass auch die Kinder lernen und befähigt werden, ihr Tun, ihre Leistung zu reflektieren.

Motivationstipp oder wertvoller Tipp: Bei der Rückmeldung zu Schülerleistungen oder Arbeiten zuerst die richtigen und dann die falschen Lösungen sagen und nicht umgekehrt. Beispiel: „Du hast von **20** Aufgaben **17** richtig und die drei, die du noch nicht richtig gelöst hast, schauen wir uns noch einmal gemeinsam an."

Die eigene Kreativität nutzen. Kreativität für alle Sinne.

Sind die Rahmenbedingungen in der Schule so aufgebaut, dass der Platz vorhanden ist, um die eigene schöpferische Kraft zu leben und im Tun zum Ausdruck zu bringen? Oder entsteht aus den derzeitigen Konzepten und Methoden ein vorgefertigtes Schema? Wie soll ein Kind lernen, seine natürliche Kreativität und Spontanität zu leben, wenn der Rahmen und die Methoden nicht ab Kindesalter praktiziert werden? Schließlich ist Improvisation in der Berufswelt sehr wichtig, um sich auf laufende Entwicklungen einzustellen und Lösungsstrategien zu finden.

Was bedeutet aber Kreativität eigentlich genau? Oder was heißt es, kreativ zu sein? Viele Menschen vertreten die Meinung, dass ein Kind dann einfallsreich ist, wenn es ein Werkstück bastelt oder ein Bild zeichnet! Und wenn das einem Kind nicht gut gelingt, dann sagt man meist: „Mein Kind ist halt nicht sehr kreativ."

Aus der Praxis

Ich traf mich mit Schuleinschreibern und stellte ihnen im Erstgespräch die Frage, was das Kind gerne macht. Die Eltern zählten mir vieles auf. Das freute mich auch sehr, denn das ist immer ein Zeichen, dass sich Eltern intensiv mit ihrem Kind beschäftigen. Und dieses Glück haben nicht alle Kinder, dass ihre Eltern wirklich beschreiben können, was sie gut können. Auf einmal sagte die Mut-

ter: „Mein Sohn ist halt nicht gut, was Kreativität betrifft, er hat keine schöpferische Ader, denn das Schreiben und Zeichnen mag er gar nicht." Ich wies die Mutter darauf hin, dass es sein kann, dass ihr Sohn seine Kreativität vielleicht anders zeigt, denn jeder Mensch hat eine gestalterische Fähigkeit. Ich lenkte das Gespräch auf ein anderes Thema, doch ich merkte mir dieses Beispiel. Als dann der Schuleintritt gekommen war, warf ich immer einen Blick auf das Kind – den angeblich „unkreativen" Buben – und setzte mir zur Aufgabe, die Klassenlehrerin und auch das Kind zu begleiten, um seine kreative Ader zu finden. Es war für den Schüler immer sehr herausfordernd, wenn es hieß: „Jetzt gestalten wir ein Bild oder eine Zeichnung." Man konnte dann sehr gut beobachten, wie er innerlich einen Stress bekam und immer wieder meinte: „Nein, nicht schon wieder!" Diese ablehnende Haltung zeigte sich auch im Schreiben: Sobald er einen Stift in die Hand nahm, sagte er erneut: „Nein, nicht schon wieder!" Ich war jedoch zuversichtlich, dieses Problem lösen zu können. Es war mir ein sehr großes Anliegen, dass er einen leichten Zugang zum Kreativen Gestalten finden konnte und das Nein mit der Zeit verschwand. Mit vielen schöpferischen und sinnstiftenden Übungen, wie zum Beispiel freiem Malen und Zeichnen nach Musik oder Fantasiereisen, erreichte ich es tatsächlich, dass sich diese Einstellung auflöste. Dieses „Nein, nicht schon wieder" war vergangen. Sicherlich gehörten das Zeichnen und Malen nicht zu seinen Stärken – und das durfte auch so sein. Denn nicht jeder ist dazu bestimmt, Bilder zu malen, die für den Betrachter schön sind. Mir war es sehr wichtig, mit ihm in diesem Bereich bewusst zu arbeiten, damit er von diesem negativen Gefühl befreit wurde.

Diese destruktive Haltung hatte er aber nicht in Bezug auf andere Fächer. Sobald es zum Beispiel in Mathematik darum ging, etwas aufzuschreiben, war alles ganz anders, denn er hatte einen lösungsorientierten Zugang zum Rechnen und lebte seine spontane Gesinnung in der Form, dass er in den Bereichen Mathematik und Technik diverse Aufgaben sehr schnell bewältigen konnte. Er lebte

seinen Einfallsreichtum ganz anders, als man das bei Kindern
gewohnt ist. Er konnte eine Rechenaufgabe nicht nur zerlegen und
lösen, sondern auch die Rechenschritte dazu erklären.

Dieses Beispiel soll Ihnen einen Einblick geben, dass eigene Krea-
tivität, also die kreative Intelligenz eines Menschen, auf mehreren
Dimensionen vorhanden sein kann. Jeder lebt seinen Erfindungs-
reichtum auf unterschiedliche Art und Weise. Es gibt Kinder, die mit
Begeisterung und Vorliebe malen, singen, tanzen, basteln – und das
zeigt sich in ihren Werkstücken. Doch es gibt auch solche, die ihre
Kreativität anders ausdrücken. Entweder finden diese Kinder sehr
schnell Lösungen oder haben gute Ideen oder sie leben ihre Kreati-
vität in der Gestaltung, wissen bereits in jungem Alter, was sehr gut
zusammenpasst und miteinander harmoniert. Sie haben meist auch
einen sehr guten Sinn für die Kombination von Farben und Formen
und vieles mehr.

Für die Praxis

Geben Sie dem kreativen Ausdruck im Unterricht und den
Kindern eine Chance und binden sie deren gestalterische Kraft
ins Lernen ein. Es gibt viele sinnstiftende Methoden, um diesen
Zugang zu aktivieren. Binden Sie Kinder in Ideenfindungspro-
zesse ein, gerade wenn es um bildnerisches, kreatives Gestalten
oder Werken geht.

Haben Sie den Mut und hinterfragen Sie, welche Fähigkeiten
bei der Erstellung eines jeweiligen Werkstücks erlernt werden
sollen. Was sind unsere fachlichen Ziele? Was sollte ein Kind
danach können?

Gestalten Sie Ihre kreativen Stunden anders und pochen Sie
nicht auf die Methode nach Schema F oder dem Gießkannenprinzip. Weichen Sie vielleicht auch mal von vorgegebenen
Werkstücken ab! Wählen Sie Alternativen! An dieser Stelle
möchte ich Ihnen noch eine wertvolle Erfahrung mitgeben:
Daraus, dass man alle Kinder einbezieht, kann die Situation

entstehen, dass ein Werkstück von der Frau Lehrerin oder vom Herrn Lehrer am Ende als das beste ausgewählt wird. So ergeben sich schon alleine in der Ideenfindung in einer Klasse/ Lerngruppe viele wertvolle Prozesse:

- Die Gruppenfähigkeit wird gestärkt, denn wir können nicht zehn unterschiedliche Dinge machen.
- Der Entscheidungsfindungsprozess wird in Gang gesetzt!
- Das kreative Denken wird aktiviert, denn Kinder müssen überlegen, wie das gemacht wird, was man alles dazu braucht und vieles mehr!
- Das Verantwortungsbewusstsein wird ebenfalls gefördert, denn wenn man sich für eine Idee entscheidet, muss man auch die Verantwortung in der Umsetzung tragen.
- Zugleich sind die Freude und Begeisterung noch größer, denn man führt Kinder so, dass sie dazu angeleitet werden, über „Dinge" nachzudenken.

Ich könnte Ihnen dazu noch viele Erfahrungen aus dem Schulalltag mitgeben. Mein persönlicher Tipp: Haben Sie die Offenheit und wählen Sie kreative Methoden, dann kann Lernen wirklich zur Erlebniswelt für Sie und Ihre Kinder werden. Der Mehrwert ist enorm. Sie erfahren neben den fachlichen Lernzielen auch lebensbegleitende Kompetenzen, die im weiteren Leben von großem Nutzen sind.

Zum Beispiel: Sie lernen eigenständiges Denken und Methoden zur Umsetzung, wie Ideenfindung, Lösungs- und Strategiefindung, Entscheidungsfindung, Gruppenfähigkeit. Die Kommunikationsfähigkeit wird gefördert, denn das Miteinander-Sprechen, Verantwortungsbewusstsein und achtsames Arbeiten sind sehr wichtig.

Erst wenn die Schlüsselkompetenzen für lebenslanges Lernen bereits ab der 1. Schulstufe vermittelt werden, erhalten wir die

Chance, auf den Weg der Nachhaltigkeit in der Schulbildung zu gelangen.

Die eigene Erfahrung im Berufsleben mit unterschiedlichen Personen und Altersgruppen bildete die Grundlage der Idee und die Wichtigkeit der Umsetzung.

Wie kam ich darauf, dass Persönlichkeitsbildung ab der 1. Schulstufe ein Schwerpunkt sein muss?

Wie bereits im ersten Kapitel im Überblick dargestellt, kennzeichnete meine Berufstätigkeit nicht nur die Tätigkeit als Diplompädagogin und Lernbegleiterin, sondern ich stand auch im Rahmen meiner berufsbegleitenden Fortbildungslehrgänge in direktem Kontakt mit verschiedenen Bildungseinrichtungen, Hochschulen und Universitäten. Ich durchlebte die Zeit als Studierende, außenstehende Begleiterin, machte auch Erfahrungen in der Zusammenarbeit mit verschiedenen Bildungsinstitutionen und veranstaltete Kurse und Workshops in der Erwachsenenbildung. Zusätzlich erstellte ich als Fachkoordinatorin Fortbildungsprogramme für Pädagogen. So durchlebte ich mehrere Systeme und sammelte Kenntnisse über Personen aller Altersgruppen.

Somit arbeitete ich nicht nur in der Schule mit Kindern und Jugendlichen, sondern hatte auch Umgang mit Erwachsenen, die vor der Abschlussprüfung einer Ausbildung standen, z. B. einem Lehr-, Meister-, Matura- oder Studienabschluss. Ich begleitete sie und machte mit ihnen eine zielführende Prüfungsvorbereitung. So durfte ich aus unterschiedlichen Blickwinkeln miterleben, wie hoch der Druck war, den die Prüflinge oder angehenden Absolventen von Prüfern oder Ausbildnern zu spüren bekamen. Meine Aufgabe war, die Personen für die Prüfungssituationen fit zu machen. Die intensivste Arbeit war, im Vorfeld die Prüfungsängste durch zielführendes mentales Training loszuwerden. Wenn dieser Teil gelöst war, unterstützte ich sie im fachlichen Bereich, um das Gelernte am Tag der schriftlichen Prüfung wiedergeben zu können. War diese vorbei, folgte meistens der mündliche Teil. Dann hatte ich dafür zu sorgen, dass die Personen in ihrer Persönlichkeit bestärkt wurden, um am Tag der mündlichen Prüfung selbstbewusst aufzutreten. Ich simulierte Prüfungssituationen und gab ihnen Tipps und Hinweise zur Präsentationstechnik und zum Kommunikationstraining, um sie sattelfest im öffentlichen Vorsprechen zu machen.

Geradewegs in diesen Situationen wurde meine Überzeugung bestätigt, dass Persönlichkeitsentfaltung nicht erst ab dem Jugend- oder Erwachsenenalter trainiert werden soll, sondern bereits ab der 1. Schulstufe. Denn im Jugend- und Erwachsenenalter bedeutet es für den Ausbildner und für den Auszubildenden harte Arbeit, diese Fähigkeiten der Persönlichkeitsentfaltung zu erlernen. *Diese Erfahrungen bestätigten meine Überzeugung und daher entwickelte ich den neuen Lehrplan, um die Schlüsselkompetenzen bei Kindern von Grund auf gezielt zu trainieren. Die Kinder sollen mit jenen Fähigkeiten, Kompetenzen und Werkzeugen ausgestattet werden, die im 21. Jahrhundert wesentlich über Erfolg, Zufriedenheit und Lebensglück entscheiden.*

Schlüsselkompetenzen *sind* ***sogenannte Kernkompetenzen*** *und erwerbbare Fähigkeiten, um Strategien oder auch Methoden zu entwickeln – also Werkzeuge fürs weitere Leben –, die für viele Inhaltsbereiche von Nutzen sind,* ***für die weitere Schulbildung, den Lehrberuf und vor allem das Studium an einer Universität.***

Die Kernkompetenzen für lebensbegleitendes Lernen können nur dann erworben werden, wenn sie in Verbindung mit dem täglichen Tun stehen. Daher hat das neue Schulkonzept einen eigenen *Gegenstand und Lehrplan installiert, wonach die Schlüsselkompetenzen verankert und trainiert werden.* Diese Kernkompetenzen **erlernen die Kinder**, die vom neuen Schulkonzept begleitet werden, bereits ab der 1. Schulstufe.

Zugleich werden diese im täglichen Miteinander praktiziert – mit dem Schwerpunkt auf Methodik und Didaktik:

- Erkenntnisinteresse und eigenständiges Lernen
- Reflexion sowie Optimierung der eigenen Lernprozesse und damit die Fähigkeit, dazuzulernen
- Zutrauen in die eigene Selbstwirksamkeit als Grundeinstellung
- Flexibilität
- Fähigkeit zur Kommunikation und Teamarbeit
- kreatives Denken und Arbeiten

Es ist wichtig, dass Kinder Themen wie Herzensbildung und Kreativität, Aktivierung der emotionalen und kreativen Intelligenz, Gesundheit, Natur- und Umweltkunde sowie Biologie und Anatomie des menschlichen Körpers von klein auf erfahren. Diese Bereiche interessieren Kinder auch sehr – sie wollen wissen: warum, wieso, weshalb. Wenn man durchschaut, wie der eigene Körper (das Hirn) funktioniert, wenn man die Gesetze der Natur und der Tierwelt versteht und die Fähigkeit besitzt, seine Fertigkeiten zum Wohl der Gemeinschaft zu nutzen, wenn man jungen Persönlichkeiten bewusst in Erfahrung bringen darf, wo ihre eigenen Stärken und Schwächen liegen, erst dann kann man von zukunftsweisender Bildung für die kommende Generation sprechen.

Geben wir unseren Kindern diese Schatzkiste mit, öffnet das die Tür, um einen jungen Menschen auf den Weg und Zielkurs der Selbstbildung und Potenzialentfaltung zu bringen. Und diese Kompetenzen sind essenzielle und grundlegende Fundamente, die dieser zukunftsweisende Schultyp vermittelt und praktiziert.

Das neue Schulkonzept stärkt *die muttersprachliche, fremdsprachliche und mathematische Kompetenz. Im neuen Unterrichtsgegenstand „Persönlichkeitsentfaltung" werden folgende **Kernkompetenzen** trainiert:*

- *Lernkompetenz – „Lernen lernen" mit dem Schwerpunkt, Analysewissen zu erwerben und Selbstwirksamkeitskonzepte zu erlernen*
- *Kommunikative Kompetenzen mit dem Fokus auf Kommunikation und Präsentation*
- *Persönlichkeitsbildende Kompetenzen mit dem Ziel der Selbstorganisation und des projektorientierten und kooperativen Arbeitens*
- *Soziale Kompetenz unter dem Motto „Ich-Du-Wir-Gefühl leben und erleben", Friedensbildung*
- *Herzensbildung und -botschaften zur Aktivierung der emotionalen Intelligenz und Ausdrucksfähigkeit*
- *Eigeninitiative und unternehmerisches Gespür*
- *Kulturbewusstsein und kreative Ausdrucksfähigkeit*
- *Grundlegende naturwissenschaftliche und technische Kenntnisse*
- *Wissen über Computer sowie Beherrschung der Informations- und Kommunikationstechnologien*
- *Gesundheitskompetenzen erwerben*

Theoretischer Vergleich

Im Vergleich dazu recherchierte ich Berichte, Studien und Inhalte von Kongressen und beobachtete die Maßnahmen in der Bildungspolitik. „Kompetenz bezeichnet das Dürfen, Wollen und Können einer Person im Hinblick auf die Wahrnehmung einer konkreten Arbeitsaufgabe. Kompetenz ist die Kombination und handlungsorientierte Integration von Basisfaktoren (Ressourcen), Aktionsfaktoren (Technologie) und Zielfaktoren (Markt) zur Erlangung einer spezifischen Befähigung und zur Erreichung bestimmter Handlungsziele. Kompetenz dient der Bewältigung gegenwärtiger Probleme und ist als Potenzial Grundlage für die Performance." [27]

Für die Koordinierung der Bildungspolitik haben das Europäische Parlament und der Europäische Rat auf der Grundlage eines Vorschlages der Kommission am 18. Dezember 2006 eine Empfehlung beschlossen und definierten die Schlüsselkompetenzen

---

27 Becker 2009, S. 767

für lebensbegleitendes Lernen als europäischen Referenzrahmen. Es sind darin die Fähigkeiten festgehalten, die für eine moderne Wissensgesellschaft unerlässlich sind und auch zur Gemeinschaftsbildung beitragen. Die Chance, das Potenzial einer Persönlichkeit zu entfalten, ist für eine laufende Entwicklung von großem Nutzen. [28]

Meine Erfahrung und Überzeugung: Lebensnahes, kooperatives und projektorientiertes Lehren und Lernen mit allen Sinnen sind die Türöffner zur Entfaltung der Persönlichkeit und zur Bildung von Schlüsselkompetenzen in der Pflichtschulzeit einer jungen Persönlichkeit.

„Das Leben ist bezaubernd, man muss es nur durch die richtige Brille sehen." [29]

Im ersten und zweiten Kapitel habe ich Ihnen nun einen Einblick in meine persönlichen Erfahrungen und das Entwicklungsportfolio gegeben. Aus diversen Stellungnahmen, Aussagen, Meinungen und Sichtweisen sowie Auszügen aus meinem jahrelang geführten Arbeits- und Forschungstagebuch konnten Sie einen Eindruck davon bekommen, wie mich diese Inputs schlussendlich dazu bewegt haben, mein Herzensanliegen schrittweise und systematisch zu realisieren, „Schule neu zu denken" – es also tatsächlich zu TUN.

„Suche nicht nach Fehlern, suche nach Lösungen!" [30]

---

28 Vgl. EMPFEHLUNG (2006/962/EG) des Europäischen Parlaments und Rates vom 18. Dezember 2006. Amtsblatt L394 vom 30.12.2006. In: Onlinequelle der Zusammenfassung und vollständiger Text der Empfehlung (ABl. L 394 vom 30.12.2006, S. 10–18), der als Anhang auch den europäischen Referenzrahmen „Schlüsselkompetenzen für lebensbegleitendes Lernen" enthält.

29 A. Dumas

30 Henry Ford

Die vielen Erfahrungen und Erlebnisse waren die Motivation dafür, dass ich jahrelang darüber nachdachte, wie eine zukunftsweisende Schule ins Leben gerufen werden kann – eine Schule, die Lebensraum und Entfaltungsort für Kinder, Pädagogen und auch Eltern ist; eine Schule, die eine andere Organisationskultur in der Schulleitung und Personalführung hat, um das Leben moderner Pädagogik zu ermöglichen.

Dieses Kapitel beinhaltet eine Schatzkiste, gefüllt mit einer Fülle an innerer Begeisterung. Es schildert einen wichtigen Abschnitt in meinem Leben, in dem ich mich entschied, einen anderen Weg zu gehen, eine neue Schule für das 21. Jahrhundert zu entwickeln, Schule neu zu denken und zu starten – für Schüler, Lehrer, Leiter und auch Eltern. Das Herzensanliegen wurde WIRKLICHKEIT und ich erreichte schließlich im Jahr 2012 mein Ziel, gründete den Schulerhalter und ließ die neue Schule behördlich genehmigen, die dann im September 2013 mit der ersten Schulstufe startete. Sie sehen also, das Fundament des Schulkonzepts stammt direkt aus dem Schulalltag.

Im nächsten Kapitel erfahren Sie die Grundsäulen des Konzepts und Fundaments, die Besonderheiten. Sie bekommen einen Einblick in die Pädagogik, in die Organisationsstrukturen und erfahren Beispiele aus der Praxis von Kindern, Eltern und Pädagogen.

Der Fokus liegt darauf, dass:
- **Lernen mit Begeisterung und allen Sinnen möglich ist,**
- **das Kind in seiner Ganzheit im Mittelpunkt des Lehrens und Lernens steht und**
- **sich auch der Pädagoge an der Schule entfalten kann.**

Malina, 5 Jahre

Kapitel III:
Schule neu denken und umsetzen
Schule neu fürs 21. Jahrhundert –
MeineSchule1

Das Fundament, die Basis und das Besondere aus der Praxis für die Praxis

Ausgehend von diesen Erfahrungen der Schulpraxis und auf der Basis vieler wissenschaftlicher Erkenntnisse aus Entwicklungspsychologie, Hirnforschung und Genetik, Motivationspsychologie, Lernforschung, ganzheitlicher Bildung und moderner Pädagogik, Erlebnis- und Gestaltpädagogik sowie Ansätzen der Reformpädagogik, Gesundheitsmanagement, Organisationsentwicklung, Personalentwicklung und -management, Bildungsforschung und Schulentwicklung entwickelte ich das Konzept für das neue Schulsystem, den neuen Schultyp mit dem Namen MeineSchule1.

Warum der Name MeineSchule1? „Mein, dein, unser Ort des Lehrens, Lernens und Wachsens"

Wir kennen es, Kinder nennen alles „mein", was für sie wichtig und interessant ist, und zeigen, dass sie sich damit identifizieren, es schätzen und lieben. Fühlen sich Pädagogen und Eltern in einer Schule wahrgenommen und wertgeschätzt, dann sagen sie: „Das ist unsere Schule." Daher Meine Schule! Meine, deine, unsere Schule fürs 21. Jahrhundert!

Warum die Ziffer 1? Die Ziffer 1 steht für den ersten Schulstandort nach dem neuen Schultyp und dafür, dass das Konzept so aufgebaut ist, dass jedes Kind als einzigartiges Individuum wahrgenommen wird.

Eltern sprechen

„Die Pädagogin und die Direktorin sind für unseren Sohn Vorbilder. Er sagt immer wieder: MEINE Schule, MEINE Frau Lehrerin und MEINE Frau Direktor. Kinder merken ganz genau, wer

echt ist, und kommen dann exakt auf den Punkt – gerade wenn sie
Unterschiede schon anderswo erlebt haben. Und wenn uns dann
Verwandte besuchen, sagt er immer: Ich gehe in die beste Schule.
Und das erstaunt mich wirklich."

Neues Schulkonzept von Sonja Schmolmüller
Die eigene Schulzeit prägt jeden Menschen.
Das Leben stellt uns täglich vor neue Herausforderungen, die
unser Persönlichkeitsprofil formen und prägen sowie Auswirkun-
gen auf die persönliche Gesundheit und die Lebensqualität haben.
Das Konzept MeineSchule1 verstehe ich als lebendiges, lernendes
und gesundes Bildungssystem – die Schule einer neuen Genera-
tion, die begeistert, bereichert und lebensnah für Schüler, Lehrer,
Leiter und auch Eltern ist. Jedes Kind hat *das Recht auf maximale*
Förderung seines Begabungspotenzials und auch jeder *Mitarbeiter*
erhält sein Recht auf kontinuierliche Entwicklung. Somit ist das
Schulkonzept eine ganzheitliche Organisation für Bildung und
Entfaltung. Das neue Schulkonzept bietet weit mehr als einen
Ort der Wissensvermittlung. Es offeriert den Schülern und Eltern
ein pädagogisches Zentrum der Begegnung, der Kommunikation
und der Begeisterung zum lebensbegleitenden Wissenserwerb
und zur ganzheitlichen Entwicklung, denn *„**Begeisterung ist der***
*****Schlüssel zur Lernfreude und öffnet die Türen zum Lernerfolg***
*****sowie erfolgreichen Führen und Anleiten von Menschen und***
*****Menschengruppen"**.*

Konzeptsäulen – das Fundament
Meine Schule:
Schule neu fürs 21. Jahrhundert

Menschenrechte leben
Frieden Freiheit Entfaltung Kreativität Kunst Kultur
Qualität Gesundheit Erfolg

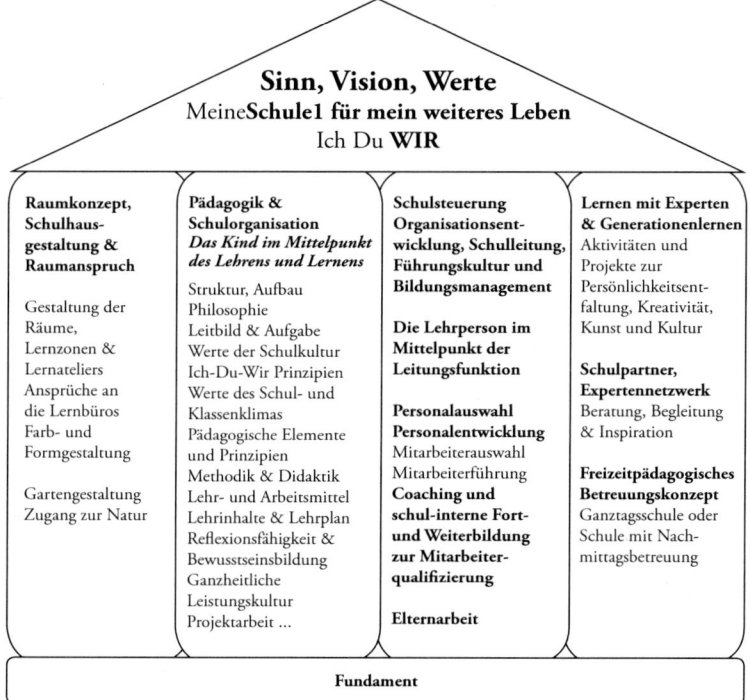

Sinn, Vision, Werte
MeineSchule1 für mein weiteres Leben
Ich Du **WIR**

Raumkonzept, Schulhausgestaltung & Raumanspruch	Pädagogik & Schulorganisation *Das Kind im Mittelpunkt des Lehrens und Lernens*	Schulsteuerung Organisationsentwicklung, Schulleitung, Führungskultur und Bildungsmanagement	Lernen mit Experten & Generationenlernen
Gestaltung der Räume, Lernzonen & Lernateliers Ansprüche an die Lernbüros Farb- und Formgestaltung	Struktur, Aufbau Philosophie Leitbild & Aufgabe Werte der Schulkultur Ich-Du-Wir Prinzipien Werte des Schul- und Klassenklimas Pädagogische Elemente und Prinzipien Methodik & Didaktik Lehr- und Arbeitsmittel Lehrinhalte & Lehrplan Reflexionsfähigkeit & Bewusstseinsbildung Ganzheitliche Leistungskultur Projektarbeit ...	**Die Lehrperson im Mittelpunkt der Leitungsfunktion** **Personalauswahl** **Personalentwicklung** Mitarbeiterauswahl Mitarbeiterführung **Coaching und schul-interne Fort- und Weiterbildung zur Mitarbeiterqualifizierung** **Elternarbeit**	Aktivitäten und Projekte zur Persönlichkeitsentfaltung, Kreativität, Kunst und Kultur **Schulpartner, Expertennetzwerk** Beratung, Begleitung & Inspiration **Freizeitpädagogisches Betreuungskonzept** Ganztagsschule oder Schule mit Nachmittagsbetreuung
Gartengestaltung Zugang zur Natur			

Fundament

Allgemeines zur Schulform und zu den Konzeptbestandteilen:
- Das Konzept und die Konzeptbestandteile des Schultyps sind **skalierbar:** für **Lehrpersonen**, die offen für neue Impulse sind und in einer Ausbildung die Qualifizierung erhalten wollen; für **Gründer** im Privatschulwesen oder auch Eltern, die für ihre Kinder den häuslichen Unterricht – das sogenannte **home**

schooling – nutzen. Der Entwurf hat Strukturpläne, die einen Rahmen bieten, der Entfaltung, Stabilität, Orientierung und Sicherheit in der Umsetzung ermöglicht.

- Der neue <u>Schultyp</u> kann als **Ganztagsschule** oder **Schule** mit oder ohne **Nachmittagsbetreuung** geführt werden.

Schule als Lebens- und Entfaltungsraum
Vision, Sinn, Werte

Die Konzeptelemente stammen aus den Erfahrungen in der langjährigen Schul- und Organisationsforschung. Der Gesamtentwurf wurde neu gedacht und enthält eine andere Art der Schulhausgestaltung, Organisationskultur, Schulleitung und Personalführung, Schul- und Unterrichtsgestaltung, Projektorganisation sowie Elternarbeit. Damit wird den Kindern eine zukunftsweisende und lebensnahe Schulbildung ermöglicht. Als Grundlage für die pädagogische Arbeit fungieren die moderne Pädagogik und Hirnforschung. Damit werden das Lernen mit **Begeisterung sowie das gehirngerechte und lebensnahe Lehren** und **Lernen** *tatsächlich praktiziert* und auch die Potenzialentfaltung der Mitarbeiter – der Pädagogen – wird realisiert.

Es gibt viele gute Ansätze und Konzepte, das Wesentliche und Wichtige in einer Schule für Kinder im 21. Jahrhundert muss jedoch sein, dass der gemeinsame Sinn und gemeinsame Werte – das WIR – verinnerlicht werden.

Es kommt nicht darauf an, wie der Wind weht, sondern wie wir die Segel setzen.“ [31]

Eine Schule fürs 21. Jahrhundert fordert eine Einheit aus Werte- und Wissensvermittlung und muss den Schülern Raum geben, um ihre Potenziale zu entfalten. Es muss grundlegend berücksichtigt werden, dass die kleinen Leute eigenständige Persönlichkeiten

---

31 Sokrates

sind. Wir müssen unseren Kindern Werte vorleben und weitergeben, die im späteren Leben von grundlegendem Nutzen sind und einen jungen Menschen in der weiterführenden Schule, im Beruf, in der Familie und im Studium an einer Hochschule oder Universität vorwärtsbringen, denn daraus erwachsen Vorteile, die jeder von uns in allen Lebensbereichen benötigt. *Der gesellschaftliche und der wirtschaftliche Wandel unserer Gesellschaft beeinflussen unser Denken, Handeln und Entscheiden sowie unsere Lernkultur.*

Der Bildungsauftrag des neuen Schulkonzepts: *Lehren und Lernen mit Begeisterung und Anleitungen fürs Leben*
Den Schülern sollen Lebenswerte vermittelt werden, die Fachwissen und praktische Anwendungen des Lebens in Zusammenhang bringen (Lebenskompetenzen) – mit dem Ziel, die fachlichen, persönlichen und sozialen Anlagen bereits in der Allgemeinen Pflichtschule zu bilden.

Historischer Kontext: Maria Theresia und unsere Zeit im 21. Jahrhundert
Was bewirkte Maria Theresia im Schulwesen? Was bewegt mich als Mensch im 21. Jahrhundert?
Wir leben in einer Zeit des Umbruchs – wie früher Maria Theresia eine Veränderung und einen Umbruch der Institution Schule zielstrebig verfolgte und erreichte. Sie setzte sich für die Kinder ein, damit jedes sein Recht erhielt, eine Schulbildung absolvieren zu können. Vergleichen wir diese Zeit mit der heutigen, dann gibt es viele Parallelen. Maria Theresia war es ein Anliegen, der Menschheit die Notwendigkeit einer Veränderung im Bildungswesen bewusst zu machen. Sie hat alles dafür getan, um sich für die Kinder und die Bildung einzusetzen. Wenn ich diese Zeit betrachte und die meiner Schulgründung Revue passieren lasse, dann gibt es hier viele Parallelen und ähnliche Vorgehensweisen. Der Unterschied ist nur, dass wir jetzt in einer anderen Epoche leben. Wir sprechen immer davon, dass wir uns heute in einer

sehr schnelllebigen und modernen Zeit befinden. Ich bin davon überzeugt, dass die Herausforderungen, denen Maria Theresia gegenüberstand, auch damals als schnelllebig und modern wahrgenommen worden sind. Jede Zeitperiode kennzeichnen unterschiedliche gesellschaftliche, politische und wirtschaftliche Besonderheiten. Die Ära von Maria Theresia hat aber eine grundlegende Gemeinsamkeit mit dem Jahrhundert, in dem wir leben, und zwar: Die Welt, die Menschheit, steht wieder vor einer Erkenntnis – nämlich: Es ist Zeit für Neuentwicklung, Umbruch und Veränderung zum Wohle der Gesellschaft, des Menschen. Und im Bildungswesen zum Wohle der Kinder, damit sie das Recht auf sehr gute Bildung und auf Sicherheit in der Schule erhalten. Die Geschichte des österreichischen Schulwesens sowie die Anfänge des staatlichen Schulwesens in Österreich gehen auf die *Schulreform von 1774 unter Maria Theresia* zurück. Sie setzte sich für die öffentliche Staatsschule mit der sechsjährigen Schulpflicht ein. 1869 stellte das Volksschulgesetz das gesamte Pflichtschulwesen auf eine einheitliche Basis. Die Schulpflicht wurde von sechs auf acht Jahre erhöht. Diese Schulreform besteht bis heute.

Diese alten Regelungen sind heute längst nicht mehr zeitgemäß und schreien förmlich nach Veränderung, einem Umbruch – oder viele nennen es auch Aufbruch –, um vieles neu zu denken und zu gestalten – so auch die Schule und das Bildungssystem. Unsere Zeit verlangt andere Qualifikationen und Fähigkeiten als zu Zeiten von Maria Theresia. Die Wirtschafts-, Arbeits- und Familienwelt fordert eine hohe Einsatzbereitschaft und braucht engagierte, persönlichkeitsgebildete, sozialfähige und qualifizierte zukünftige Mitarbeiter. Wir bewegen uns in einer Wissens- und Informationsgesellschaft. Wir leben in einer Welt mit einer Fülle von Informationen und neuen Technologien – unser Alltag ist von einer rasanten, fortlaufenden Entwicklung gekennzeichnet. Auch mein Leben war von diesen Gegebenheiten geprägt und ich durfte selbst erfahren, wie wichtig es ist, fit in diesen Bereichen zu sein. Und das ist auch ein Grund, warum es für mich so bedeutend ist, dass eine Veränderung im Bildungswesen – mit dem Schwerpunkt auf Wertvermittlung und Persönlichkeitsentfaltung hinsichtlich der Schulleitung, des Lernens und der Elternarbeit – stattfindet.

Die Anforderungen des Alltags noch mal auf einen Blick:

- Wir sollen Inhalte vergleichen und brauchbare Informationen herausfiltern, um daraus kreative Ansätze zu entwickeln und Entscheidungen zu treffen.
- Wir sollen für uns Freiräume schaffen – was eine Grundvoraussetzung für innovatives Arbeiten ist.
- Wir sollen Entscheidungen im Leben treffen und diese auch verantworten können.
- Wir sollen Verantwortung für uns selbst und die Gemeinschaft übernehmen – also Eigen- und Mitverantwortung in der Familie, im Beruf oder in der Schule tragen.
- Wir sollen innovative und kreative Lösungsansätze und -strategien entwickeln, um laufend eine Weiterentwicklung zu ermöglichen, denn das Leben fordert einen stetigen Entwicklungsprozess.
- Wir sollen nicht nur an uns denken, sondern auch zum Wohle der Gemeinschaft reflektieren und handeln. Eigenverantwortung und Teamfähigkeit sind also gefordert, damit jeder für sich selbst Zufriedenheit erleben kann und auch die Welt mehr Frieden erfahren darf.
- Wir sollen selbstaktiv sein, die eigene Kreativität nutzen, das eigene Denken einsetzen und den Innovationsgeist leben lassen, was ja für die Arbeit in unserer heutigen Zeit grundlegend ist.
- Wir sollen uns die eigene Zeit einteilen und unsere Arbeit organisieren, um erfolgreich zu sein. Nebenbei sollen wir auch noch Freiraum für die Familie und Privates haben und lernen, mit den eigenen Ressourcen umzugehen. Das erfordert auch manchmal, Nein und Stopp zu sagen, um die eigenen Grenzen abzustecken.
- Wir sollen respektvoll miteinander umgehen und uns auf

Augenhöhe begegnen, denn dies ist grundlegend für ein harmonisches Arbeitsklima und lange Fitness im Beruf.

- Wir sollen eins sein, zusammen leben, ein Familienleben pflegen und die Verantwortung für zwischenmenschliche Beziehungen übernehmen. Das ist der Grundstein der Generationsvorsorge –für die Kinder in den Familien und das gemeinsame Wachsen in den jeweiligen Generationen.
- Wir sollen Körper, Geist, Seele und unser Herz gesund erhalten, um langfristig fit und leistungsfähig zu bleiben.
- Wir sollen Kunst, Kultur und Kreativität leben, um so auch das Brauchtumsgeschehen einer Region, einer Kultur zu pflegen. Und auch Feste, Feiern und Rituale sollen in der Zeitgeschichte nicht vergessen werden, um Vorfahren und Pioniere der einzelnen Generationen zu ehren und zu schätzen.
- Wir sollen ein Wissen haben und dieses auch anwenden – zum Beispiel darüber, wie man achtsam mit der Natur umgeht, denn wenn wir unsere Umwelt ausbeuten, haben auch wir Menschen keinen Nährboden für Lebensqualität mehr.
- Und vieles mehr!

Und damit alle diese Forderungen erfüllt werden können, ist es essenziell, dass andere Rahmenbedingungen und Strukturkonzepte im System Schule im 21. Jahrhundert gelebt werden, und auch, dass wir den Kindern Werkzeuge mitgeben, um alle diese Forderungen, die ein Lebensalltag mit sich bringt, meistern zu können.

Wenn wir Kinder dazu anleiten, diese Kompetenzen zu trainieren und anzuwenden, bringen sie auch für den weiteren Lebensabschnitt sehr gute Voraussetzungen mit, um die Chancen der neuen Wirtschafts- und Arbeitswelt im Rahmen ihrer Freizeit und privaten Beziehungen zu nutzen, um so den Stellenwert von Familie zu erhöhen. Die Wurzeln eines Menschen liegen schließlich in der Familie. Vor allem sind Kinder mit Fähigkeiten und Kompetenzen ausgestattet, die in der Informations- und Wissensgesellschaft des 21. Jahrhunderts wesentlich über Erfolg, Zufriedenheit und Lebensglück entscheiden. Daher stehen nach dem neuen Konzept folgende Aspekte im Vordergrund:

- Das KIND im MITTELPUNKT des LEHRENS und LERNENS
- Entwicklung der bereits vorhandenen Talente, Stärken und Potenziale des Kindes
- Bewahrung der kindlichen Neugierde bzw. der Offenheit für Neues
- Erhalt und Stärkung der Begeisterung am Lernen
- Sicherung und Förderung kindlicher Kreativität sowie sinnstiftender und kindgerechter Herangehensweisen für Problemlösungen und Lösungsstrategien
- Beibehaltung und Ausbau wichtiger sozialer Fähigkeiten für die Zusammenarbeit, den Umgang mit Heterogenität, für Kommunikation, Konfliktlösung, Entscheidungsfindung, Organisationsfähigkeit, Reflexions- und Professionsbewusstsein etc.
- Ausbau und Mobilisierung der Veranlagungen und Kompetenzen für eigenverantwortliches, aktives Handeln und Gestalten
- Kooperatives Lernen, Generationenlernen und Lernen mit Experten
- Herzens- und Friedensbildung zur Sicherung der Menschenrechte
- Gesundheit, Umwelt und Natur
- Interesse und Zugang zu Kunst und Kultur
- Ganzheitlichkeit: mentale, kognitive, emotionale Begabungen und Eignungen, Selbstreflexionsfähigkeit
- Organisations- und Entscheidungsfähigkeit
- Lernen aus Erfahrungen und Wissen von Generationen

Gemeinsam statt einsam
Ich – du – wir : Kinder, Pädagogen, Leiter, Eltern & schulexterne Experten als starkes, stabiles Gefüge und Miteinander

Dem ganzheitlichen Konzept liegt ein grundlegend neu gestaltetes Umfeld zur Persönlichkeitsentfaltung von Kindern und auch Lehrern zugrunde, in dem Schulbildung, Schule und Lernen anders er- und gelebt werden, das Kind in seiner Ganzheit im Mittelpunkt des Lehrens und Lernens steht und auch die Pädagogen unterstützt und gestärkt werden.

Die <u>fundamentalen Elemente</u> des Entwurfs sind:

- **Das Kind steht im Mittelpunkt des Lehrens und Lernens.**
- Das pädagogische Konzept orientiert sich am öffentlichen Lehrplan, berücksichtigt jedoch die neuesten Erkenntnisse der Lern- und Motivationsforschung, der ganzheitlichen Pädagogik, der Gestalt- und Erlebnispädagogik sowie der Neurobiologie. Zusätzlich gibt es den unterrichtsübergreifenden Schwerpunkt **„Persönlichkeitsentfaltung und Lebensbildung"** mit besonderem Fokus auf Kommunikation und Präsentation, Kunst, Kreativität für alle Sinne, Selbstorganisation, Natur- und Umweltkunde sowie Gesundheit, Schullaufbahnberatung und Berufsorientierung ab der Sekundarstufe.
- Es soll eine neue Generation von Schulleitern und Pädagogen geschaffen werden, die nach den neuesten Erkenntnissen des Personal- und Bildungsmanagements, der Schulentwicklung, der Organisationstheorien sowie der Zusammenarbeit in neuen Arbeitswelten handeln.
- Ein berufsbegleitendes Ausbildungs- und Qualifizierungskonzept für das Lehrpersonal sowie Lernbegleitung sind feste Bestandteile zur Unterstützung und Entwicklung der Professionalisierung in der Schul- und Unterrichtsentwicklung. So sollen eigene Prozesse in der Unterrichtsarbeit sichtbar und interessierten Eltern zugängig gemacht werden.
- Das Schulhaus und die Lernräume werden ganzheitlich gestaltet, um die Arbeitsfähigkeit zu unterstützen und das Lernklima zu stabilisieren, sodass Schule zum Entfaltungs- und Lebensraum sowie Kompetenzentwicklung tatsächlich erreicht wird.

Schulhausgestaltung und Raumanforderung
Das Raumkonzept: ENTFALTUNGSORT und LEBENS-RAUM SCHULE

Bereits Rudolf Steiner und auch viele, die sich mit Forschung, Archi-tektur und Ergonomie beschäftigen, betonen in ihren Berichten und Studien, wie wichtig die Gestaltung der Lernräume für Kinder, aber auch Erwachsene ist, um die Leistungsbereitschaft und auch -fähigkeit zu aktivieren. Die Farben, das Licht, die Formen, die architektoni-sche Ausführung und der Einsatz der Materialien sowie der Einrich-tungsgegenstände wirken wesentlich auf die Gesundheit eines Men-schen ein. Das sind also auch in unserer heutigen Zeit keine neuen Ansätze und Erkenntnisse. Betrachten wir jedoch die Gestaltung herkömmlicher Schulen, lässt sich feststellen, dass das Bildungswesen diese Merkmale kaum realisiert und hier eindeutig hintennach ist. Im Vergleich zur Zeit Maria Theresias ist Schule heute ein Ort für Kinder geworden, an dem sie sehr viel Zeit verbringen. Und dieser Unterschied muss uns bewusst werden. Schule ist Lebensraum – und ein prägender noch dazu, da sich Kinder den größten Teil des Tages dort aufhalten. Der Weg muss aus der dumpfen Schulstube, also aus dem traditionellen Klassenzimmer hinaus in eine offene, lichtdurch-flutete Architektur führen, um eine ganzheitliche Entfaltung über-haupt möglich zu machen.

Schulklima + Leistungsfähigkeit + mit Freude lernen

Das Ziel ist, dass sich alle Beteiligten rundum wohlfühlen.
Der Lernort ist also, wie gesagt, weit mehr als nur der organisato-rische Rahmen für den Unterricht. Die architektonische Gestal-tung sollte sich danach richten, einen offenen und geschlossenen Raumcharakter, also unterschiedliche Raumgrößen anzubieten. Alle Zimmer müssen hell sein, um das Tageslicht bestmöglich nutzen zu können. Und natürlich braucht ein Schulhaus auch einen großen, hellen und freundlich gestalteten Empfangsbereich, der seinen positiven Charakter zum Ausdruck bringt. Die Mate-rialien für Decken, Türen und Einrichtungsgegenstände sollen

keine negativen Einflüsse auf die menschliche Gesundheit haben. Von Vorteil wäre es, wenn viele natürliche Bestandteile, wie z. B. Holz, verwendet würden.

Ein eigener Schulgarten als erweiterter Lernort ist ebenfalls wünschenswert. Weitere Lernräume können eine Küche und ein Forschungs- und Kreativraum sein, die für Unterrichtsprojekte genutzt werden. Auch ein Aufenthaltsraum, in dem die gemeinsame Pause verbracht und auch in Ruhe die Jause gegessen werden kann, ist unerlässlich, denn das Essen in der Klasse und ein dunkler, langer Gang als Aufenthaltsbereich in der Pause sind für Kinder keine Orte, wo sie ihre freie Zeit außerhalb des Unterrichts verbringen sollten. Überlegen Sie selbst! Warum ist es Ihnen wichtig, dass Sie in der Pause einen Ortswechsel machen und nicht im Büro bleiben? Warum lässt man es dann zu, dass viele Kinder in der Schule ganz utopische Pausenvarianten erleben müssen? Eine Bibliothek, ein Veranstaltungs- und ein Präsentationsraum sowie gesonderte Technologieräume sind unerlässlich, um offenes, bewegtes und projektorientiertes Lehren und Lernen anzubieten. Die Lage der Schule spielt auch eine große Rolle. Was nützt es, wenn das Schulhaus noch so schön gestaltet ist, wenn doch die Lage unmöglich ist, da der Lärmpegel sehr belastet, sodass zum Beispiel im Sommer keine Fenster geöffnet werden können und alles nur mehr mit einer Klimaanlage belüftet wird, weil es draußen so laut ist? Es führt eine Hauptverkehrsstraße an der Schule vorbei, eine Autobahn grenzt an oder die Schule ist im Stadtzentrum direkt neben einer Shoppingmeile oder einem Einkaufszentrum – derartige Standorte sind absolut ungeeignet. Wichtig ist hingegen, schnell im Grünen zu sein, um Zugang zu Wiesen, Wäldern und Gewässern zu haben. Wesentliche Inhalte der Biologie oder Naturwissenschaft werden dann nicht ausschließlich vom Papier gelernt, sondern durch die Betrachtung in der Natur erforscht. Das Klassenzimmer als Zentrum für Lehren und Lernen muss so gestaltet sein, dass ausreichend Platz vorhanden ist – Platz für Einzelarbeitsplätze, Schranksysteme für Schüler und Pädagogen sowie Arbeitsbereiche für Lerngruppen. Eine Kombination von offenen und geschlossenen Räumen ist ideal. Somit kann der Pädagoge ein Ordnungssystem integrieren, das die Selbstständigkeit und Freiarbeit unterstützt. Es muss die Möglichkeit bestehen, die Lernmaterialien gut organisiert und optisch ansprechend anordnen zu können. Die Einrichtung und die Gestaltung eines Klassenzimmers müssen derart erfolgen, dass sich alle Beteiligten rundum wohlfühlen. Das Schulhaus wird zum Lebensraum für Kinder und zur Erlebniswelt für das Lehren und Lernen.

Kinderherzen sprechen: Stell dir vor, du sollst jemandem dein Klassenzimmer beschreiben. Was würdest du sagen?

„Wir haben ein großes Klassenzimmer. Jeder hat seinen eigenen Arbeitsplatz, also Sessel und Tisch, und die wurden auf unsere Größen eingestellt. Die Sessel und Tische sind ganz neu und total schön. Ich habe einen gelben Sessel. Und wir haben einen großen runden Tisch, wo wir dann gemeinsam lernen oder Dinge besprechen, aber auch Sachen basteln. Oder wir haben ein Problem untereinander, dann besprechen wir das auch gemeinsam an dem runden Tisch. Der Tisch wurde extra für uns gemacht, den gibt es sonst in keiner Schule. Wir haben Platz zum Bewegen, das war in der vorigen Schule nicht so. Jeder hat einen eigenen Arbeitsplatz und Fächer, wo unsere Sachen drinnen sind. Wir brauchen fast nichts mit nach Hause nehmen, daher ist unsere Schultasche auch sehr leicht. Wir haben eine Gefühlsuhr und können somit sagen, wie es uns geht, bei mir steht sie fast immer auf glücklich.

Wir haben eine Wandmalerei im Klassenzimmer, die gefällt mir sehr gut. Mit viel gelber Farbe, einer Sonne auf der Wand. Wir haben auch im Empfangsraum eine schöne Wandmalerei und auch beim Eingang. Wir haben eine Freiarbeitsecke, da sind alle Lernspiele und Lernsachen, die wir und die Frau Lehrerin brauchen. Und wir haben eine große Wand, dort sind Kärtchen und wir wissen dann den Schwerpunkt des Tages und auch, wo unsere

Aufgaben oben sind. Ja, und auf der Säule sind unsere gemeinsamen Ziele angebracht, damit es uns gut miteinander geht. Und der Kalender ist neben der Tafel und der Kalendermanager darf jeden Tag das Datum umstellen. Unsere Klasse ist sehr schön, groß und hell." (Schüler im Alter zwischen 6 und 9 Jahren)

Schule durch die Brille von Kindern sehen & Kinderträume wahr werden lassen

Kinderherzen erzählen
Aus der Praxis für die Praxis: Workshop mit Kindern „Wahrnehmung und Einschätzungen von Kindern zur Wunschschule"

Im Zeitraum der Konzeptentwicklung und der Schulgründungsphase veranstaltete ich mit Kindern im Alter von fünf bis acht Jahren einen Workshop – mit dem Ziel, nochmals auf ihre Wahrnehmungen einzugehen und Informationen von Kinderherzen zu bekommen. Also veranstaltete ich einen kreativen Nachmittag mit Kindern unter dem Motto: „Was sollte deine Wunschschule alles haben?" Ein Dankeschön nochmals für eure tolle Mitarbeit und auch vielen Dank an die Mitglieder, die mich beim Workshop begleiteten und unterstützten!

Das sagen Kinder, was sie sich von ihrer Traumschule wünschen:
- *eine schöne Schule, wo wir uns viel bewegen können*
- *bunte Wände und ein schönes Klassenzimmer*
- *eine nette Lehrerin und Frau Direktor, die ich auch mag*
- *viel Neues und Interessantes zum Lernen*
- *dass wir viel ins Freie gehen*
- *dass wir in der Pause auch laufen und spielen dürfen*
- *dass ich lesen, schreiben und rechnen lerne*
- *viele Freunde haben*
- *dass es mir gutgeht und ich mich wohlfühle*
- *dass wir viele Geschichten hören und tolle Sachen machen*

Anforderungen für Arbeitsplätze und Achtsamkeit vor fremdem Eigentum

Für Übungssequenzen benötigt **jeder Schüler seinen eigenen**, stabilen Arbeitsplatz, der auch ergonomisch auf den Lernenden abgestimmt sein muss, denn ein Kind muss ungestört arbeiten können.

Ordnungsbewusstsein + Achtsamkeit auf fremdes Eigentum

Unordnung und Chaos haben bei uns im Schulhaus keine Chance. Wir argumentieren damit, dass ein ganzheitliches Einrichtungskonzept das Ordnungsbewusstsein von klein auf wachsen lässt.

Eltern berichten:

> *„Er hat in vier Monaten gelernt, dass Ordnung eine wichtige Grundlage für das Lernen ist. Er räumt jetzt immer von selbst sein Zimmer auf."*

Kunstvoll gestaltetes Schulhaus und Freiraum für bewegtes und offenes Lernen

Teilt man ein Schulhaus in sogenannte Lernzonen oder Ateliers, können sich Kinder sehr schnell orientieren und wissen dann ganz genau, was man wo und wie zu berücksichtigen hat. Zum Beispiel erkennen sie sehr rasch, welche gemeinsamen Werte beim offenen Lernen gepflegt werden – bei Projektarbeiten, in der bewegten Pause, im Pausenraum. Dazu haben wir Wandmalerei gestaltet, um die Harmonie im Schulhaus nach kindgerechten Ansprüchen zu realisieren.

Lehren und Lernen im Kreis, kunstvolle Wandmalerei und Lernen mit visionären Lehrmitteln

- **Lernen im Kreis** – das heißt, die Schüler und der Lehrer lernen „neues Wissen" gemeinsam, während sie im Kreis sitzen. Unser Tisch (mit dem Namen Schule1-Tisch) wurde speziell dafür konstruiert und wächst auch mit unseren Schülern mit.
- Eine **visionäre Lehrmittelgalerie oder Wandmalerei als visi-**

onäres Lehrmittel sind in den **Lernräumen enthalten**. Das Ziel ist, das Lernumfeld sowie die Lehrmittel so zu gestalten, dass **Lehren, Lernen und Trainieren** mit **allen Sinnen** ermöglicht werden. Diese visionäre Galerie wurde von mir und einer Künstlerin entwickelt, um in überdimensionaler Größe Lehrinhalte visuell und kunstvoll darzustellen.

Die Schulleitung gehört in die zentrale Mitte des Schulgeschehens.

Der Vorgesetzte sitzt ganz oben in einem Gebäude – diese Hierarchie bestimmt nicht nur die Position einer Dienststelle, sondern zeigt sich auch im räumlichen Charakter konventioneller Schulgebäude. Im obersten Stockwerk findet man die Schulleitung oder die Führungskraft und Vorgesetzte, unten sind die Kinder und die Lehrpersonen. Dazu sage ich Nein: Die Schulleitung gehört in die zentrale Mitte des Geschehens!

Ich kann mich noch sehr gut an die Zeit erinnern, in der ich nach dem passenden Objekt für die neue Schule suchte. Es war eine ganz besondere und interessante Periode! Mein Leitgedanke damals war: aus Alt mach Neu.

Es handelte sich damals um einen sehr intensiven und spannenden Abschnitt meines Lebens. Eigentlich war es mein Traum und Wunsch gewesen, die neue Schule in einem schönen Einfamilienhaus mit großem Garten zu gründen, um eine andere schulische Atmosphäre als im herkömmlichen Sinn zu erzeugen. Ich wollte das Einfamilienhaus so gestalten, dass es zwar den Charakter eines Gebäudes für Lehren und Lernen zeigte, aber diesen in einer ganz anderen Form als gewohnt vermittelte. Ich wollte kein altes Bauernhaus und auch kein Büroobjekt. Das Ziel war, dass Schule für das menschliche Auge in ganz neuer Erscheinung zum Ausdruck kommt. Es sollte ein Haus sein, das zum Lehren und Lernen einlädt und auch in der Gestaltung der Räumlichkeiten eine persönliche Entfaltung möglich macht – ein Ort, an dem sich alle Beteiligten rundum wohlfühlen, eine ganz neue Art der architektonischen Gestaltung. Ich hatte im Sinn, eine ähnliche Atmosphäre wie zu Hause zu erzeugen – Schule sollte ein heimeliger Ort sein, an dem Bildung und Weiterentwicklung an zentraler Stelle stehen.

Ich hatte viele Besichtigungstermine von Objekten. Auch war mir von Anbeginn bewusst, dass mein Vorhaben nicht so einfach zu realisieren sein würde, denn es mussten die behördlichen Auflagen einer Schule erfüllt werden, damit die Errichtungsanzeige genehmigt wurde. Nach zahlreichen persönlichen Gesprächen mit Gründern von Alternativschulen kam ich schließlich auf die Idee, nach einem Gebäude zu suchen, das bereits als Schule eingetragen war. Ich hoffte, dadurch den Prozess der Errichtungsanzeige zu beschleunigen. Leider konnte ich im Zentralraum Linz kein geeignetes Objekt finden, doch circa 18 km außerhalb wurde ich dann fündig: Eine HTL bekam ein neues Schulhaus und somit wurde das bestehende frei. Also kontaktierte ich sogleich den dortigen Direktor und vereinbarte einen Termin für einen ersten Lokalaugenschein.

Als ich das Schulhaus betrat, bekam ich eine richtige Gänsehaut. Es war überhaupt nicht harmonisch gestaltet und machte einen unordentlichen Eindruck. Die Kunststoffböden waren für mich momentan schockierend und ich dachte mir, das sind ja Beläge, die man in einer Fabrik, einer Werkstatt oder einem Kuhstall findet. Und das in Klassenzimmern! Es dominierte die Farbe Grau und dadurch entstand ein trister Eindruck. Der Direktor führte mich durch die Räumlichkeiten der Liegenschaft und wir durchwanderten ca. 1.700 m². Als wir zum Schluss im Erdgeschoss landeten, entdeckte ich das Potenzial für meine neue Schule: eine mögliche Kombination von offenen und geschlossenen Räumen. Und aufgrund der behindertengerechten Gestaltung des Gebäudes hätten auch gehandicapte Menschen die Möglichkeit, uns zu besuchen. Außerdem verfügte es über einen großen, hellen Empfangsraum, der einen herzlich willkommen hieß, einen Schulwartraum, der zu einer Küche umfunktioniert werden konnte, und einen großen Abstellraum, der als schöne Garderobe verwendbar war. Weiters waren WCs für Mädchen und Jungs sowie vier schöne, helle, große Räume für das Lehren und Lernen vorhanden. Drei Räume mit je 72 m² und einer mit 95 m², der sich als Präsentations- und auch Bewegungsraum eignete. Ein zusätzlicher großer Raum mit circa 65 m² konnte als Lehrmittelraum, Archiv, aber auch Büro fungieren. Alle Zimmer waren hell und groß. Man hatte das Gefühl, sich frei bewegen zu können, man fühlte sich nicht eingesperrt. Der große Vorteil war, dass alles auf einer Etage lag, offenes sowie bewegtes Lehren und Lernen ermöglicht wurden und auch die Schulleitung im Zentrum der Schule Platz hatte.

Natürlich war mir bewusst, dass in der Gestaltung noch sehr vieles gemacht werden musste, damit es den räumlichen Konzeptansprüchen entsprach. Doch ich hatte bereits als Kind eine Ader für kreatives Gestalten von Räumen und ein Händchen für Farben und Formen gehabt, daher sah ich trotz dieser traurigen Erscheinung der ehemaligen Lernräume für HTL-Schüler, wie ich das Schulhaus für Kinder umfunktionieren konnte – nicht irgendwie, sondern ganz besonders. Nach vielen Überlegungen entschloss ich mich, die rund 600 m² im Erdgeschoss nach Auszug der HTL ab Oktober 2012 anzumieten – mit dem Ziel, dass ich dann von Oktober 2012 bis August 2013 die Zeit habe, um 1) die räumlichen Vorbereitungen zu treffen, 2) allen organisatorischen Notwendigkeiten für den Schulstart Rechnung zu tragen und 3) Termine für Elternerstgespräche und die PR-Arbeit wahrzunehmen.

Kleine Veränderungen haben oft eine große Wirkung in der Raumgestaltung.

Der Anmietung lag ein ordentlicher Mietvertrag zugrunde, in dem die Vereinbarungen zwischen Mieter und Vermieter dargelegt waren, doch dieser war weder für mich noch die Situation passend. Somit studierte ich das Mieterschutzgesetz, verglich unterschiedliche Mietverträge, schrieb schließlich mithilfe eines Rechtsberaters einen angemessenen Mietvertrag und führte auch noch Gespräche bezüglich Mietpreis und -kaution. Parallel dazu stellte ich dem Liegenschafts-

eigentümer die Idee zur Umgestaltung der Räumlichkeiten vor. Hier gab es keine gröberen Unstimmigkeiten, solange die Kosten nicht der Liegenschaftseigentümer zu übernehmen hatte, sondern sie der Mieter trug. Diesen Kompromiss musste ich jedoch akzeptieren, wenn ich der zukünftige Neumieter sein wollte.

Altes Schulgebäude wurde zur räumlichen Erlebniswelt für Kinder.

Nachdem ich die Raumaufteilung bereits skizziert hatte, war ein weiterer Schritt die detailgetreue Überlegung hinsichtlich der Raumgestaltung und -konzeption für ein ganzheitliches und offenes Lernen. (Die Konzeptansprüche zur räumlichen Gestaltung lesen Sie im Kapitel 3.)

In der gesamten Planungsphase kam mir zugute, dass ich aus einer Familie komme, in der mein handwerkliches Geschick stets gefördert worden war. Das heißt, ich konnte selbst ausmalen, Dinge montieren und vieles mehr. Es gibt auf dem gesamten Areal keinen Handgriff, wo ich nicht mitgeholfen oder den ich nicht selbst gemacht habe. In diesem Zeitraum wurde mir bewusst, wie schön es ist, wenn man über handwerkliches Können verfügt und nicht auf Handwerker angewiesen ist. Das bringt sehr viele Vorteile im Leben mit sich. An dieser Stelle ein großes Dankeschön an meine Eltern, auch wenn es für mich als Jugendliche manchmal nicht so toll war, dass ich so viel lernen durfte.

Nach der Bodenverlegung wurden die Türen und Heizkörper neu gestrichen und schließlich eine Küche, die Garderobe und der Archivraum eingerichtet. Im Eingangsbereich wurde eine Wandmalerei angebracht mit dem Spruch: „Kinder brauchen Wurzeln und Flügeln." Den Empfangsraum charakterisierte ein herzliches Willkommen und alle Gäste, die bei uns waren, waren von dieser Gestaltung fasziniert. Die Klassenzimmer waren „ein Traum für Kinder und Pädagogen", so lautete die Rückmeldung aller Gäste, Besucher und Personen, die einen Einblick in die Schule bekamen. Kunstvolle Wandmalerei zeigte sich auch in allen anderen Räumen.

Einrichtung

*Mir war es immer wichtig, dass die Kinder und Pädagogen Schul-
möbel hatten, die ergonomisch auf sie abgestimmt waren. Das heißt,
dass sie individuell auf die Körpergröße eingestellt werden konnten,
und auch, dass jedes Kind seinen eigenen Arbeitsplatz hatte.*

*Die Auswahl der passenden Schulmöbel dauerte sehr lange. Ich habe
mir einige Varianten in die Schule bringen lassen. Zugleich nutzte
ich den Zugang zu Kindern und habe Volksschüler zum Probesitzen
eingeladen. Deren Feedbacks und meine Erfahrung unterstützten
mich schließlich in der Entscheidungsfindung. Weiters habe ich alte
Möbel aus meinem privaten Eigentum umfunktionieren lassen,
um sie in der Schule verwenden zu können. Zugleich wurde ich
mit Materialspenden einer Tischlerei unterstützt, die dann Maß-
anfertigungen für Schulmöbel gemacht hat. Damit der Traum von
der eigenen Küche in der Schule in Erfüllung ging, half mir eine
Küchenfirma und stellte mir eine Schauküche zur Verfügung, die
dann für unseren Raum umfunktioniert werden konnte. Am Schluss
erfolgte der Feinschliff in der Dekoration. Danach hatte jeder Raum
seine eigene Note. Dabei legte ich jedoch großen Wert darauf, dass die
Klassenzimmer nicht überladen wirkten und es keine Ablenkungen
für das Gehirn gab.*

*Am Ende hatte ich es aber geschafft und aus einem alten Schulgebäude
einen Ort des Entfaltens und der Bildung für Kinder, Pädagogen und
auch für mich als Schulleitung gemacht. Die Feedbacks zur Schule
waren einzigartig toll. Auch jene Menschen, die daran gezweifelt
hatten, dass aus dieser Liegenschaft, so wie sie im Originalzustand
war, eine Schule für Kinder werden konnte, haben dann in folgenden
Worten gesprochen: „Es ist faszinierend, was Frau Schmolmüller daraus gemacht hat!" Einen besonderen Dank noch mal an alle Helfer,
die mir bei handwerklichen Sachen zur Seite waren.*

128

*Feedback zum Schulraum: „Der Traum von einem harmo-
nisch gestalteten Klassenzimmer für Kinder und Lehrer wurde
Wirklichkeit. "*

Die Menschen, die unsere Schule betraten, waren immer wieder
überrascht und beeindruckt, dass ein Ort zum Lernen eine so
wohltuende Atmosphäre haben konnte. Unsere Räume waren
groß und hell, die Decken und Wände mit Farbe und auch mit
Kunstwerken gestaltet. Bei der Einrichtung hatten wir großen
Wert darauf gelegt, dass sich Kinder und Lehrpersonen gut organisieren und Ordnung halten konnten. In den Klassenräumen hatte
jeder Schüler einen eigenen Arbeitsplatz und genügend Raum, um
seine Arbeitsmaterialien übersichtlich aufzubewahren. Die Tafel
diente der Verschriftlichung oder dem Aufhängen von Plakaten,
es gab einen Platz für das Organisationsmanagement des Klas-
sengeschehens und für visuelles Darstellen gemeinsamer Werte
im Klassenverband. Sowohl in der Klasse als auch im gesamten
Schulhaus fanden sich Plätze für gemeinsames Lernen und viele
Möglichkeiten, um Lernstationen für die geführte Freiarbeit aufzubauen. Wir hatten eine eigene Küche für Unterrichtsprojekte
und einen gesonderten Platz für die Jause. *Wir nutzten die Archi-
tektur des Schulhauses als Entfaltungsort für das Lehren und
Lernen und die Natur als erweiterten Lernort.*

Ein absolutes „MUST": die Natur – der Schulgarten als erwei-
terter Lernort

Leider hatten wir auf dem Schulareal keinen eigenen Garten. Ich
hatte im Zeitraum der Anmietung der Liegenschaft sehr viele
Gespräche mit dem Eigentümer geführt, um einen Garten zu
realisieren, doch trotz aller Argumente erreichte ich dieses Ziel
nicht, obwohl ich sogar die Kosten für eine Gartengestaltung
hätte decken können.

Die Chance anders erkennen: Ich habe also das Potenzial in der
Umgebung genutzt, um trotzdem einen Zugang zur Natur zu

finden. Wir hatten in der Nähe der Schule (ca. fünf Gehminuten entfernt) unseren Naturgarten – ein sehr schönes Augebiet mit einem Flussbett –, Wiesen und Wälder. Somit hatten wir die Möglichkeit, übergreifende Unterrichtsinhalte sowie Interessenthemen im Bereich der Naturwissenschaften vor Ort zu gestalten. Im Bereich des lebendigen Gartenbaus haben wir Anzuchtbeete angelegt. Im ersten Unterrichtsjahr hatten wir ausreichend Platz, um einen eigenen Gartenbauraum zu nutzen – Projekte, um einen lebensnahen Zugang zur Pflanzenwelt zu eröffnen und auch wiederum die Selbstaktivität sowie Eigenverantwortung in Unterrichtsprojekten zu fördern. Sollte ich nochmals Gestalterin oder Mitgestalterin eines neuen Schulareals sein, würde ich alles dafür in Bewegung setzen, dass die finanziellen Ressourcen vorhanden sind, um tatsächlich einen eigenen Schulgarten mit einem Biotop zu integrieren, denn mit solchen Lehrmitteln lässt sich auf unspektakuläre Art und Weise lebendiges Lehren und Lernen ermöglichen. Zugleich macht es viel mehr Freude, wenn Üben und Trainieren nicht im Klassenzimmer, sondern im Freien geschehen.

Die Natur und die Umgebung in der Region, in der sich eine Schule befindet, bietet erweiterte Lernorte:
Dazu gehören:
- Wälder
- Wiesen
- Gärten
- Bauernhöfe
- Wohnanlagen
- Einkaufszentren
- Sport- und Freizeitanlagen
- Geschichtlich geprägte und regional bedeutende Bauwerke wie Kulturstätten, Kirchen, Klöster und sonstige

Einblick in die pädagogische Praxis und Schulorganisation
Meine, deine und unsere Schule

In diesem Kapitel erhalten Sie einen Einblick in das pädagogische und organisatorische Konzept des neuen Schultyps sowie Hinweise zur pädagogischen Praxis und Organisation.

Zugleich erhalten Sie auch einen Auszug aus dem Organisationsstatut der Privatschule, gegründet als Privatschule in freier Trägerschaft, sogenannte Statutschule mit Öffentlichkeitsrecht.

*Diese Grundlagen sind wichtige Bestandteile für alle beteiligten Personen, die mit dem neuen Konzept arbeiten – also der „rote Faden, das **FUNDAMENT** der Umsetzung".*

Grundlegendes zur Erinnerung

Bereits im ersten Kapitel habe ich grundlegend dargestellt, dass die Umsetzung der Idee hinsichtlich des neuen Schultyps, also das neue Schulkonzept, für Kinder, ihre Eltern und auch die Pädagogen nur durch die Gründung einer privaten Schule möglich gemacht werden konnte.

Struktur und Aufbau

Der Unterricht – das Lehren und Lernen – findet in Lerngruppen statt. Der neue Entwurf umfasst die allgemeine Pflichtschulzeit, bietet demnach die Möglichkeit, die Schulzeit von der 1. bis zur 8. Schulstufe zu absolvieren. Somit umfasst dieses neue Schema ein „durchgängiges und durchlässiges" Bildungssystem. Eine Lerngruppe in der Grundstufe besteht aus maximal elf Schülern. Die Schulstufen 1 bis 4 werden als **Grundstufe**, die Schulstufen 5 bis 8 als **Sekundarstufe** bezeichnet.

Philosophie Aufgabe der Schule ist es, die Schatzkiste [das Begabungspotenzial] des Kindes zu öffnen und es für die Reise hin zu einer fortschreitenden Entwicklung zu begeistern. So ist der Schüler fähig, jederzeit und selbstständig darauf zuzugreifen, Inhalte daraus anzuwenden und sie mit neuen zu füllen.

Die Aufgabe der neuen Generation von Schule
Pädagogisches Prinzip: Lernen mit Begeisterung
Die Kernpunkte:

- **Herzensbildung** & **Wertschätzung** bilden die Grundlagen. Wir gehen wertschätzend miteinander um und begegnen uns gleichwertig.
- **Wissens-** und **Wertbewusstsein** bilden bei uns beim Lernen eine Einheit.
- **Schule als Ort der Begeisterung**
  Lernen, gestalten, kreieren und gemeinsam lachen macht Spaß. Eine Portion Humor gehört zu unseren Ich-Du-Wir-Prinzipien im Miteinander.
- Wir sind verantwortungsbewusst und sozial engagiert. Das gibt uns Halt und Orientierung und fördert die Selbstständig- und Teamfähigkeit.
- Lernen ist bei uns **kein Gießkannenprinzip.**
  Wir lernen und lehren GEHIRN- UND GEDÄCHTNIS-GERECHT und legen besonderen Wert auf kreatives Lernen mit allen Sinnen und geführte Freiarbeit.
  Wir legen sehr großen Wert auf **korrektes Rechnen, Lesen** und **Schreiben,** um so diese Kompetenzen von der Pike auf mit Freude zu vermitteln und zu trainieren.
- Wir sind **neugierig** auf **Neues.**
  English Conversation ab der 1. Schulstufe – ja, das macht so richtig Spaß!
- Wir leben gesund und sind damit glücklich und erfolgreich – ausgewogenes Essen und Trinken sowie Bewegung in den Pausen gehören zu jedem Schultag.
- Wir leben in Einklang mit der Natur und aktivieren unser Umweltbewusstsein. Die **Natur** ist für uns ein **erweiterter Lernort** und **Lernen** im **Freien** eine **Selbstverständlichkeit.**
- Wir erleben „learning by doing", das bedeutet, wir nutzen die Projektarbeit, um theoretische Inhalte mit dem praktischen Tun zu verbinden.

- Wir lernen, uns regelmäßig zu reflektieren, damit wir unsere Lernleistungen sichtbar machen und erfolgreich wachsen.
- Wir pflegen kooperatives Lernen und realisieren Generationenlernen.
- Wir machen Lernen zum Erlebnis und lassen uns von unserer kunstvollen Schulhausgestaltung inspirieren.
- Wir bilden uns laufend weiter, damit wir die Kinder mit **Herz, Hirn, Hand und Freude** auf ihrem Bildungsweg anleiten und begleiten.

Die pädagogische Arbeit ist so gestaltet, damit die Lernfreude, die bei jedem Kind von Anfang an da ist, erhalten bleibt, damit Lehren, Lernen, Üben und Trainieren mit Freude, Begeisterung und allen Sinnen gegeben sind!

Pädagogische und didaktische Elemente des Konzepts – vergleichende Pädagogik

Bestandteile der Unterrichtsmethodik und didaktische Grundsätze stammen aus dem ganzheitlichen Lehren und Lernen sowie der Gestalt-, Erlebnis- und Kommunikationspädagogik. Unser Leitprinzip zur ganzheitlichen Unterrichtsgestaltung bedeutet, dass wir den Unterricht differenzieren und individuell auf jeden Schüler abstimmen. Lehrmittel, Lernstrategien und -methoden sind je nach Gruppe differenziert anzuwenden, um so der in unserer Lernschar vorhandenen Heterogenität und Vielfalt Rechnung tragen zu können.

Unterrichtsabläufe – zum Beispiel Stundenpläne – richten sich nach den Empfehlungen der Neurowissenschaft und Pädagogik (Neurodidaktik), somit sind Übungen und Methoden zur Gehirnentfaltung feste Bestandteile in unserem Schulalltag. Beispiele sind: kreative Übungen, Lernrituale, Mental- und Kommunikationstraining.

Lernen ist kein Gießkannenprinzip

Im Mittelpunkt des Lehrens und Lernens steht der Schüler. Das „Lernen und das Lehren" richten sich **nach keinem „Gießkannenprinzip"**, sondern nach den Entwicklungszyklen und Begabungen der Kinder. Es werden vielmehr theoretische Inhalte mit praktischen Beispielen, Übungen und Anwendungsmethoden, in denen sich die Schüler selbst finden, vernetzt. Die aktuellen Erkenntnisse zum gehirngerechten Lernen und die Theorie der multiplen Intelligenzen betonen immer mehr, dass Wissensvermittlung weit mehr ist als nur ein kognitiver Denkprozess.

Der gezielte Einsatz von individuellen Lernmaterialien und Unterrichtsmethoden ermöglicht einen „vielfältigen und sinnstiftenden Unterricht", der begeistert, bereichert und lebensnah ist. Der Kreativität und der Vielzahl verschiedener Unterrichtsmethoden sind keine Grenzen gesetzt. Wichtig ist, dass die Methoden gezielt auf die Lerngruppe, das Tempo und den Entwicklungsstand jedes einzelnen Kindes abgestimmt sind. In schöpferischer und übergreifender Form (z. B. Laufrechnen oder Laufdiktat oder Rätselrallye) kann man auch im Unterrichtsfach Bewegung und Sport „fächerübergreifend Rechnen, Lesen und Schreiben trainieren".

Somit ist es die Aufgabe in der pädagogischen Arbeit, mittels der Auswahl von ganzheitlichen Lernmaterialien und Methodenbausteinen zur Unterrichtsgestaltung an die körperliche, kognitive, emotionale und soziale Entwicklung jedes Kindes anzuknüpfen und somit den Lernzugang zu erreichen und die Lernfreude zu erhalten.

Aus der Praxis für die Praxis

Eltern berichten: „Der pädagogische Weg des neuen Schultyps ist ein ganz anderer, auf dem Lernen als Selbstverständlichkeit und allumfassend gelebt wird, also mit der Arbeit im Freien alle Sinne beansprucht werden und gewisse Themen, wie Selbstorganisation,

Präsentationstechnik, Reflexionsmethoden, Gesundheitsthemen, schulisches Lernen, als Selbstverständlichkeiten dazugehören. Und das sind Qualifikationen, die jeder Mensch braucht. Entscheidend dafür, dass wir unser Kind in der neuen Privatschule anmeldeten, waren auch der pädagogische Ansatz des ‚geführten Lernens mit allen Sinnen', wie das Frau Schmolmüller nennt, an verschiedenen Stationen und in Form des Lernens in Kleingruppen sowie der Umstand, dass die individuelle Persönlichkeit des Kindes wahrgenommen wird und man eben die Stärken/Begabungen des Kindes erkennt. "

„Alle Mittel bleiben nur stumpfe Instrumente, wenn nicht ein lebendiger Geist sie zu gebrauchen versteht." [32]

Die früheren Theorieansätze der schon recht früh anerkannten Pädagogen, Philosophen und Psychologen haben bereits unter Beweis gestellt, **wie bedeutsam die vielfältige Sinneserfahrung für Kinder in ihrer Entwicklung** ist. Diese verstanden unter Sinnesschulung ein intensives Training, in dem einzelne Sinnesorgane geschärft werden sollten. Noch fehlte die Fundiertheit, um mit dem gezielten Einsatz aller Sinne unsere Denk- und Lernleistung zu optimieren.

Dem Kind tatsächlich die Chance zu geben, es selbst zu TUN. Diese Botschaft vermittelten der Menschheit auch Maria Montessori und andere Vertreter der Bildungsgeschichte – jeder dieser Pioniere auf eine andere Art und Weise. Ihre Botschaften sind vom Zeitalter, von den Merkmalen der wirtschaftlichen und gesellschaftlichen Entwicklung sowie den Besonderheiten einer Kultur geprägt, doch alle beinhalten eine Botschaft: lernen und wachsen durch TUN.

---

32 Einstein

Pädagogisches Prinzip: „Neue Lebensrhythmen verlangen neue Lernrhythmen. "

Jedes Kind aus einer altersgleichen Gruppe, also altersgleichen Schulstufe, durchlebt eine unterschiedliche Entwicklung. Gleich alte Kinder darf man nie „über einen Kamm scheren". Das **Phänomen des ganzheitlichen Lernens ist keine Neuerfindung**, sondern eine wiederentdeckte Forderung. Die neuesten Erkenntnisse aus der **Hirn,- Intelligenz- und Lernforschung** untermauern es immer wieder, dass Kopf, Herz und Hand eine Lerneinheit bilden müssen, um nachhaltiges und erfolgreiches Lernen zu erzielen.

Sinnstiftendes pädagogisches Arbeiten

Lernen mit allen Sinnen bietet dem Kind die Möglichkeit, an das eigene Wissensnetz anzuknüpfen. Wie in der Lernforschung unter Beweis gestellt, brauchen Kinder ganzheitliche und bildhafte Darstellungen und eine Anbindung an die multisensorischen Fähigkeiten, um Lerninhalte zu begreifen. Insbesondere im Erstunterricht ist es wesentlich, dass Erlebniseinheiten und **Sinneszusammenhänge** in der Schule vermittelt werden.

Kurzum zur Wiederholung: So speichern wir Wissen: *10 % durch Lesen, 20 % durch Hören, 30 % durch Sehen, 50 % durch Sehen und Hören, 80 % durch Selber-Sagen und 100 % durch* ***SELBER-TUN***

Methoden zur Unterrichtsgestaltung sind beispielsweise: offenes Lernen in Form einer geführten Freiarbeit an Stationen, um so die Eigenverantwortung und Selbstständigkeit der Schüler zu fördern; fächerübergreifender Unterricht zur Aktivierung des lösungsorientierten und vernetzten Denkens sowie kooperatives Lernen durch praxisnahe Übungsbeispiele und Projektarbeit. Somit bedeuten Lehren und Lernen nach dem neuen Schultyp „Learning by doing" Abwechslung von Theorie, praktischer Umsetzung und Anleitungen, um die Hirnleistungen ganzheitlich zu fördern. Die pädagogische Praxis umfasst Elemente, die sich am ganzheitlichen Lernen orientieren, Lernmaterialien und -instrumente, die der Sinnesausprägung unserer Kinder gerecht werden, und methodische Inputs, um so Wissensinhalte tatsächlich begreifbar zu machen und das TUN-ERLEBEN-ERFAHREN-BEGREIFEN der Kinder in den Vordergrund zu stellen.

Zu wissen, was man weiß und was man tut, das ist Wissen." [33] Den Schülern müssen die richtigen Anleitungen gegeben werden, damit ihnen die Grundfertigkeiten in den Kulturtechniken Mathematik, Deutsch, Englisch korrekt und mit Begeisterung vermittelt werden. Der Lernstoff muss den Kindern so präsentiert werden, dass die multisensorischen Fähigkeiten angesprochen werden und handelndes sowie bildhaftes Lernen wirklich gegeben sind. Persönlichkeitsentfaltung ist ein fester Bestandteil im WIR – Träger der Wertschätzung im gemeinsamen Arbeiten – und somit können das Wissens- und Wertebewusstsein vereint werden.

Sind Wissens- und Wertevermittlung die höchsten Ziele der Bildung?

Zukunftsbildung erfordert lebensbegleitenden Werte- und Wissenserwerb

Werte der Schulordnung / Ich-Du-Wir-Prinzipien

- Vertrauens- und Beziehungskultur zwischen dem Leiter, den Lehrern und Schülern im täglichen Tun als Selbstverständlichkeit => Begegnung auf Augenhöhe => Respekt und Wertschätzung
- Organisiertes Lehren und Lernen als gemeinsame Wertekultur erleben
- Kommunikationskultur pflegen und gemeinsame Vereinbarungen treffen

---

33 Konfuzius

- Ordnungskultur vorleben und Aktivitäten in der Hausordnung zur Förderung der Selbstaktivität
- Gesundheitskultur bewusst vorleben und als festen Bestandteil in den Schulalltag integrieren
- Ausgewogene Ernährung/Jause
- Rituale als Entspannungsmethoden, um zu lernen, sich zu fokussieren
- Reflexions- und Feedbackkultur als Parameter im täglichen Tun, um Lernfortschritte für das Kind und auch die Lehrperson sichtbar zu machen
- Das Kind lernt von klein auf, mit Feedback-Instrumenten umzugehen und mit vereinbarten Zielen zu arbeiten: Wo stehe ich? Wo will ich hin? Wie komme ich voran? Was kann ich schon selbstaktiv lösen? Wo brauche ich noch Unterstützung? Wie lange brauche ich mit meinen Aufgaben? Kann ich mit Zeitvorgaben schon arbeiten? Kann ich mein Tun reflektieren?
- Dem Kind wirksame Feedbackinstrumente zur Verfügung stellen und die eigene Leistung sichtbar machen. Ein Kind will hören und wissen, wo es steht! So erfahren Kinder, die eigene Arbeit zu reflektieren! Wohin gehe ich? Wo komme ich voran? Wohin geht der nächste Schritt?

Gemeinsame Werte für Vereinbarungen geben Sicherheit und Halt.

Vertrauen
    Offenheit
        Ehrlichkeit
            Kreativität
            Selbstmotivation
                Selbstständigkeit & Selbstbewusstsein
                Kommunikationsfähigkeit
                    Verantwortungsbewusstsein.

Schon ab dem ersten Schultag sollte man sich tatsächlich die Zeit nehmen, die ein Kind in seiner allumfassenden Entwicklung braucht!

Beziehungsarbeit durch gemeinsame Werte im Ich-Du-Wir – das braucht ein Kind, um Sicherheit und Vertrauen in die Schule, die Lehrperson und das Lernen aufbauen zu können!

Ein inneres sicheres Gefühl und die Beziehung zwischen den Kindern und dem Schulteam, vor allem den klassenführenden Lehrpersonen, bilden die Grundsteine für ein erfolgreiches Miteinander und somit die Grundlagen für das Lehren und Lernen. Das Vertrauen zu sich selbst, zur Gruppe und zum Schulteam ist unumstößlich.

Es darf auch nicht unterschätzt werden, wie wichtig es ist, dass sich Kinder sehr gut im Schulhaus orientieren können. Ausreichend Zeit für Beziehungsarbeit und Orientierung im Schulhaus muss am Schulbeginn unbedingt vorhanden sein.

Von Beginn an müssen Aktivitäten integriert werden und muss man sich die Zeit nehmen, um wertvolle Beziehungsarbeit zu leisten, damit in einer Lerngruppe das Ich-Du-Wir in Harmonie gelebt werden kann. Schließlich bildet ein harmonisierendes Klassenklima die Grundlage und ist die Voraussetzung, um Lehren und Lernen überhaupt zu ermöglichen – gerade dann, wenn die Einheiten in geführter Freiarbeit gestaltet sind.

Wichtig in der Lernphase ist auch, den Schülern immer wieder die Sinnfrage zu beantworten, warum und weshalb wir etwas lernen bzw. es wichtig ist, dass wir von Anbeginn Wert darauf legen, dass wir nicht irgendwie lernen, sondern das Ziel haben, jetzt genau und richtig zu arbeiten.

Die Tagesplanung ist so zu gestalten, dass auch regelmäßige Wiederholungseinheiten durchgeführt werden können. Erst wenn diese Grundfertigkeit gegeben ist, kann mit neuem Lerninhalt (z. B. Buchstaben oder Zahlen) weitergearbeitet werden.

Ich-Du-Wir in der Schuleingangsphase:

- Verinnerlichung des Tagesablaufes
- Verinnerlichung der Ich-Du-Wir-Prinzipien in der Hausordnung
- Ich-Bewusstsein entwickeln
- Wir-Bewusstsein entwickeln
- Kommunikationsvereinbarungen treffen
- Gemeinsame Verhaltensweisen kommunizieren
- Organisatorisches zum geführten Rahmen für offenes Lernen klären
- Erste Lerneinheiten entwickeln und Erfolgserlebnisse sichtbar machen

Aufgabe der pädagogischen Arbeit in der Schuleingangsphase:

- Harmonisierendes Klassenklima erzeugen
- Vorbereitende Umgebung für Lesen, Rechnen und Schreiben schaffen
- Lerneinheiten gestalten, um die Schüler an den Tagesrhythmus zu gewöhnen und eine zielführende Klassenkultur zu erhalten
- Lernvoraussetzungen erkunden
- Lernbeobachtung der einzelnen Kinder
- Zielführende Lerneinheiten gestalten / regelmäßiges Training
  => Sind diese Faktoren gewährleistet, beginnt der schrittweise Aufbau der fachlichen Kompetenz mit den **Schwerpunkten Lesen, Rechnen und Schreiben.**

Sinnstiftendes Lernen, kreative Lernspiele, Geschichten und Sachaufgaben aus dem Alltag, um das vernetzende Denken zu aktivieren

Sinnstiftendes und kreatives Lehren und Lernen mit Geschichten bieten eine einzigartige Chance, den Kindern nicht nur Wissen und Inhalte näherzubringen, sondern deren Interessen methodisch einzubinden. Zugleich sind solche Lehrmaterialien Öffner für Begeisterung. Kinder erfahren Inhalte über das Lernspiel oder eine Geschichte aus Lebenssituationen, mit denen sie sich identifizieren können. So bieten Spiel und Geschichte einen Mehrwert beim Lernen. Beobachten Sie Kinder, wenn sie spielen oder ein Buch lesen, das ihnen Freude bereitet – es bedarf wohl keiner Extrabetonung, zu sagen: „Konzentriere dich!" Nein, Kinder sind beim Spielen – im Tun – voll bei der Sache.

Ich habe viele Geschichten und Texte geschrieben – in Mathematik, Deutsch, Englisch, Persönlichkeitsentfaltung und Sachkunde. Diese Art und Weise des schöpferischen Trainings ist eine wahre Bereicherung beim Lernen. In den von den Kindern selbst verfassten Texten kommen alle ihre Vorlieben vor, die beim Erreichen ihrer Lernziele natürlich eine Nebenrolle spielen. Es ist ja viel interessanter, ein Teil einer Lernaufgabe zu werden, als Texte in Schulbüchern zu studieren, wozu Kinder oder Schüler teilweise keinen realen Bezug haben. Rechengeschichten über Lebensthemen, das ist das Geheimrezept!

Beispiele aus der Praxis für die Praxis:
Rechengeschichte 1: Schulstufe Zahlenraum 0-20
Jakob, Sophie und Elias gehen einkaufen. Jakob nimmt 11 Flaschen Wasser, Elias und Sophie nehmen gemeinsam 6 Flaschen! **Wie viele Flaschen haben sie gekauft? Schreibe die Rechnung in dein Rechenheft!**

Fächerübergreifender Unterricht: Lesen, Schreiben, Rechnen und Persönlichkeitsentfaltung
Thema: „Von Korn zum Gebäck"
Rechengeschichte 2:
Die Schüler der 1. Klasse formen Gebäck. Insgesamt haben sie 12 kleine Sesamsemmeln und 7 kleine Mohnsemmeln geformt.
  • Wie viele Semmeln haben sie geformt?
  • Schreibe die Rechnung in dein Rechenheft!

Rechengeschichte 3:
Marie hat einen Brotkorb in die Schule mitgebracht. Im Brot-
korb sind 17 kleine Brötchen enthalten. Zur Jause verschenkt sie
9 Brötchen.
- Wie viele Brötchen sind nach der Jause noch im Brotkorb?
- Schreibe die Rechnung in dein Rechenheft!

Fächerübergreifendes und kooperatives Erarbeiten in Mathematik, Deutsch und Persönlichkeitsentfaltung

Thema: Geld (2. Schulstufe)
Die Frau Lehrerin nimmt echtes Geld in die Schule mit. Sie hat
Euro-Münzen und je
einen 10er-, 20er-, 50er- und 100er-Schein mit. Die Lehrerin
verteilt die Münzen und Scheine an die Gruppe. Jeder Schüler
hat unterschiedliche Geldmünzen und -scheine. Die Aufgabe in
der Gruppe ist es, vorerst die Geldscheine und -münzen nach
der Höhe des Geldbetrages am Tisch aufzulegen. Die Gruppe
arbeitet im Team.

Anschließend wird eine Rechengeschichte in Partnerarbeit gelöst.
Sachaufgabe:
Gabriel hat zum Geburtstag einen 50-Euro-Schein erhalten. Er
hat sich ein Buch um 31 Euro gekauft. Wie viele Euro hat Gabriel noch?

Partnerübung:
**Die Kinder lösen vorerst die Arbeitsaufgabe alleine, anschlie-
ßend werden die Ergebnisse nach folgenden Fragen in Partnerarbeit verglichen:**
1. Welche Rechnungsart hast du verwendet?
2. Wie hast du deine Rechnung aufgeschrieben?
3. Wie lautet dein Ergebnis?
4. Wie lautet deine Antwort?

Am Ende der Partnerarbeit verkündet ein Berichterstatter das Ergebnis vor der Lerngruppe! Wenn diese Aufgabe gelöst wurde, darf jedes Partnerteam einen eigenen Text für eine Sachaufgabe schreiben. Die Ergebnisse werden dann in der Lerngruppe vorgestellt. Die Lehrerin nimmt die selbst erstellten Rechnungen mit, um daraus elektronisch ein Arbeitsblatt für eine Wiederholung zu erstellen. Am nächsten Tag finden die Kinder ihre selbst erstellten Rechnungen auf einem Blatt Papier.

Ziele:
- Geldscheine benennen und je nach Betrag ordnen können
- Sachaufgaben lösen können
- Rechenwege lösen, aufschreiben und in eigenen Worten erklären können
- Lösungen für eine Rechnung artikulieren können
- In Teams zusammenarbeiten können
- Ergebnisse präsentieren können
- Antworten richtig schreiben können
- Das eigene Ergebnis kontrollieren können
- Ordentliche Schreibweise im Rechenheft durchführen können
- Selbst einen Text für eine Sachaufgabe erstellen können

Aus der Praxis für die Praxis:
Das war ein Beispiel für fächerübergreifenden Unterricht in der 2. Schulstufe. Die Kinder hatten am nächsten Tag eine große Freude, als sie nochmals ihr selbst erstelltes Arbeitsblatt – also ihre Rechnung – auf einem schönen Rechenblatt finden durften. „Da ist ja meine Rechnung von gestern oben, machen wir uns unser eigenes Rechenbuch?" Das war die Rückmeldung der Kinder und ist die Bestätigung und der Beweis, dass es sehr wichtig ist, die Kinder einzubinden, um selbst Beispiele zu finden, und nicht immer anhand vorgefertigter Arbeitsblätter oder aus dem Buch zu rechnen. Es macht Kindern Freude, wenn sie selbst Rechnungen oder Beispiele in der Schule erstellen dürfen. Haben Sie den Mut, die Schüler zu begeistern, selbst

etwas zu erstellen. Das geht auch ganz einfach in Lesen, Rechnen und Schreiben! Viel Spaß!

Outputs werden sichtbar.

Lerneinheiten durch projekt- und fächerübergreifende Aktivitäten aufzubauen, maximiert vernetztes und lösungsorientiertes Arbeiten. Zugleich eröffnet es die Chance, die Lese-, Rechen- und Schreibkompetenzen regelmäßig zu trainieren und sie in Verbindung mit Sachthemen und auch Interessenfeldern der Kinder bewusst in den Unterricht einzubinden. Zusätzlich werden die persönlichkeitsbildenden und sozialen Fähigkeiten trainiert.

„Es ist nicht genug, zu wissen, man muss es auch anwenden; es ist nicht genug, zu wollen, man muss es auch tun." [34]

Pädagogen, die nach diesem Konzept des neuen Schultyps arbeiten, erhalten zielführende Anleitungen in der pädagogischen Praxis, damit ganzheitliches Lehren und Lernen mit Begeisterung und allen Sinnen realisiert werden. Der Pädagoge ist kein Einzelplayer und wird nicht im „Regen stehen gelassen" oder ins „kalte Wasser geworfen". Nein! Pädagogen bekommen pädagogische Tools und den roten Faden zur Umsetzung. Damit wird ermöglicht und garantiert, dass Kinder einen individuellen und qualitativ hochwertigen Unterricht erleben dürfen.

Durch das berufsbegleitende Coaching erfahren Lehrpersonen einerseits, ihre eigene Unterrichtstätigkeit zu reflektieren, aber andererseits auch, was das Lernen durch eine „Brille des Kindes" bedeutet und wie Kinder das Lernangebot von der Lehrperson wahrnehmen. Das Ziel dabei ist, dass durch diese Fortbildungsmaßnahme eine laufende Weiterentwicklung der Unterrichtsarbeit gegeben ist, um das Reflexionsbewusstsein zu schärfen und die Professionalität der eigenen Arbeit zu maximieren.

---

34 Johann Wolfgang von Goethe

Auch der Ansatz von John Hattie (2016[35]) „Visible Learning for Teacher" fordert einen „reflexionsstarken Unterricht" und unterrichtsbegleitende Führungsmodelle. Auch er meint, dass es in der Führungsarbeit wichtig ist, Lehrpersonen dazu anzuleiten, dass sie lernen und erfahren, über das Unterrichten zu sprechen, damit ihnen der Einfluss der eigenen Arbeit auf die Kinder bewusst wird.

Lehrplan: „Es kommt nicht darauf an, wie der Wind weht, sondern wie wir die Segel setzen." [36]
Die Basisinhalte stammen aus dem öffentlichen Lehrplan. Darüber hinaus gibt es den neuen Lehrplan und den Unterrichtsgegenstand „Persönlichkeitsentfaltung und Lebensbildung". Der Schwerpunkt liegt auf der Vermittlung der Grundlagen der Schlüsselkompetenzen. Inhalte sind: Selbstorganisation, Gesundheitsbildung, Kommunikation und Präsentation, Kunst und Kreativität, Projektarbeit, Schullaufbahnberatung und Berufsvorbereitung ab der Sekundarstufe. Zusätzlich bietet der Unterrichtsgegenstand lebensnahe Unterrichtsprojekte, um übergeordnete Bildungsziele (persönliche, soziale und kommunikative Kompetenz) im Sinne des **lebenslangen Lernens** zu vermitteln und im Zuge des Zusammenlebens im Schulalltag zu trainieren: Ich-Du-Wir-Prinzip – mit dem Fokus auf der Verbindung von Wissens- und Wertebewusstsein!

Querschnitt aus den Gründungserfahrungen zum Thema „Lehrplan, öffentliche Anerkennung"

Die Grundeinstellung zur Schulentwicklung in der heutigen Gesellschaft mit den bestehenden Rahmenbedingungen und auch meine Erfahrungen zeigten mir, dass es zu diesem Zeitpunkt unmöglich war, eine neue Schule zu gründen – außerhalb der gängigen Strukturen. Eine öffentliche Anerkennung zu erhalten, war als Vorreiter – als

---

35 Hattie 2016, Buchcover
36 Sokrates

Pionierschule – sehr wichtig. Ich bin heute noch froh darüber, diesen Entschluss gefasst zu haben. Gerade in dieser Zeit war ein ganz wichtiger Baustein, das Öffentlichkeitsrecht zu erhalten. Für viele Eltern war das ein wichtiger Entscheidungsfaktor und eine der ersten Fragen lautete: „Hat Ihre Schule Öffentlichkeitsrecht?" Daher war es grundlegend, in den Gründungsjahren die anerkannten Werkzeuge – wie den öffentlichen Lehrplan – zu integrieren, um überhaupt unter den derzeitig herrschenden Bedingungen anerkannt zu werden. So hatte ich überhaupt eine Chance, eine Neuentwicklung zu ermöglichen und die notwendigen Genehmigungen zu erhalten, aber auch Schülern eine Durchlässigkeit zu gewähren.

*Zurück zum **Lehrplan:** Ich habe daher den bestehenden Lehrplan erweitert und einen zusätzlichen für einen neuen Gegenstand verfasst, habe diesen um die Schlüsselkompetenzen, die eine junge Persönlichkeit im 21. Jahrhundert braucht, ergänzt und darin „Persönlichkeitsentfaltung und Lebensbildung" verankert, um so tatsächlich die Basis zu schaffen, damit die Schlüsselkompetenzen ab der 1. Schulstufe auch vermittelt und trainiert werden.*

Unterstützer als treue Helfer sprechen

„Mittlerweile hat uns der aktive Einsatz im Schulalltag bestätigt und bewiesen, dass das neue Konzept von Sonja Schmolmüller die Basis für einen zukunftsweisenden Schultyp ist, der die Grundsäulen für ein erfolgreiches Lehren und Lernen sowie Führen einer Schule schafft. Der Entwurf selbst wurde bereits mit dem Status der öffentlichen Anerkennung in der Gründungsphase bestätigt. Das Ziel soll jetzt sein, dass dieses neue Vorhaben mit seiner privaten und familiären Struktur mehreren Kindern und unzufriedenen Eltern zugängig gemacht wird." (Verband MeineSchule1)

Erfahrungen aus dem Schulalltag

Je nach Entwicklung der Schüler durften wir in Erfahrung bringen, dass, wenn man die Inhalte in der Grundstufe im Lehrplan sehr gut bündelt und sich nicht an ein Lehrbuch klammert sowie in Lerngruppen unterrichten kann, unsere Schüler sehr zügig vorankamen. Es zeigten sich eindeutig messbare Werte, wenn unsere Eltern die Situation ihrer Kinder mit jenen in anderen Schulen verglichen. Unterschiede wurden nicht nur in der Lernleistung, sondern auch in der Persönlichkeit der Kinder offenkundig. Unsere Kinder hatten eine wertschätzende Sprache, präsentierten sich und ihre Ergebnisse gerne, hatten den Mut, vor Publikum zu sprechen. Geführte Präsentationen wurden schon ab der 1. Schulstufe gemacht. Ab der 2. Schulstufe kamen dann die Buch- und Projektpräsentationen. Ich kann Ihnen gar nicht beschreiben, wie schön und wertvoll es ist, mitzuerleben, wie sich Kinder in einem solchen System entwickeln. Ja, tatsächlich zu selbstbewussten, -aktiven und auch sozial fähigen jungen Persönlichkeiten!

Eltern berichten

„Ich begleitete drei Kinder durch die Pflichtschulzeit. Doch bei keinem habe ich das so erlebt wie bei meinem jüngsten Sohn, der seit September 2015 die neue Schule mit dem besonderen Konzept von Sonja Schmolmüller besucht. Er hat im Vergleich zu meinen anderen Kindern eine ganz andere und schnellere Entwicklung gemacht. Und vor allem geht er jeden Tag gerne in die Schule! Und wenn ich darüber nachdenke, wie das meine beiden anderen Kinder empfunden haben, dann muss ich ganz einfach sagen: Das kann man nicht mit Worten beschreiben. Man muss es als Elternteil erleben und erfahren. Ich kann massive Unterschiede erkennen. Was mir besonders gut gefällt, ist die Geschwindigkeit, in welcher er sich entwickelt hat und dass für ihn das Lernen ‚druck- und angstfrei' ist. Die Pädagogen und die Schulleitung begegnen dem Kind und Elternteil mit Gleichwürdigkeit und auf Augenhöhe. Wenn man in die Schule kommt, fühlt man, dass Eltern auch herzlich willkommen sind und die Offenheit da ist, um sein Anliegen vorbringen zu können."

Fundamentales Leitprinzip: „Man lernt eine Sache, indem man sie macht." [37]

Ganzheitliches Lernen, eine wertschätzende Führungskultur in der Klasse, ganzheitliche Leistungsbetrachtung durch regelmäßiges Feedback und klare Strukturen, gemeinsame Werte und Vereinbarungen ermöglichen ein stabiles und erfolgreiches Miteinander – unser ICH-DU-WIR-Prinzip der Schulkultur. Zugleich geben sie den Lehrpersonen und den Kindern Orientierung und Halt im gemeinsamen Lehren und Lernen.

Pädagogen erzählen

„Ich sehe das Ziel im Unterricht darin, die fachlichen, persönlichkeitsbildenden und sozialen Anlagen der Schüler zu trainieren. Ein zielführender Leitfaden zur Unterrichtsplanung, wie etwa Wochen- und Tagespläne, unterstützt uns Pädagogen dabei, täglich einen ganzheitlichen Unterricht zu garantieren. Ein intensiver Einschulungszeitraum sowie das berufsbegleitende Coaching in der Unterrichtspraxis befähigen uns, nach dem neuen Konzept zu arbeiten. Das Coaching bietet uns eine zielführende Einschulung in den Entwurf sowie eine Unterstützung, sodass wir Impulse und Instrumente für den Schulalltag erhalten. So macht es Freude, zu unterrichten, Schüler zu begleiten – und wir können uns dabei auch noch selbst entfalten."

Einblick in den Tagesablauf – aus der Praxis für die Praxis
So leben tatsächlich Begeisterung und Wertschätzung:
- Wir werden an der Schule herzlich empfangen.
- Wir begegnen uns mit Wertschätzung.
- Wir legen selbstständig unsere Straßenkleidung ab und gehen in den Pausenraum, um die Jause abzustellen.
- Wir gehen selbstständig in die Klasse und werden dort herzlich empfangen.

---

37 Cesare Pavese

- Wir haben noch Zeit für freies Spiel oder für Gespräche mit Freunden.
- Wir beginnen mit keiner Schulglocke, sondern mit Musik. Unser Motto: sehr gut gelaunt und mit erfolgreichem Start in den Tag gehen.
- Wir bereiten uns zielführend auf das gemeinsame Lernen vor.
- Lernplatzvorbereitung & -organisation bedeuten bei uns: Wir treffen alle Maßnahmen gemeinsam und zweckorientiert.
- Wir achten bewusst auf unsere Körperhaltung am Lernarbeitsplatz.
- Themenschwerpunkt und Zielvereinbarung gehören bei uns dazu. Wir erfahren am Beginn des Tages ganz genau den Sinn unserer Aufgaben und Lerninhalte. Wir wissen im Vorfeld, was wir heute lernen und welche Lernziele unseren Tag begleiten.
- Lernen und Lehren fordern RUHE und KONZENTRATION.
- Wir lernen und trainieren mit allen Sinnen.
- Wir wissen ganz genau, wie offenes Lernen und geführte Freiarbeit funktionieren.
- Ruhe im Tun ist eine Selbstverständlichkeit, denn nur so haben wir die Chance, Inhalte aufzunehmen. => Wir pflegen und leben gemeinsam wertschätzende Werte und halten uns an unsere Kommunikationskultur.
- Bewegung und Kreativität begleiten unseren Tag.
- Wir zeigen sehr gerne, was wir können, haben keine Angst und fühlen keinen Druck, keinen Stress dabei, wenn wir unsere Lernziele wiederholen, Lerninhalte mündlich oder schriftlich wiedergeben oder unsere Aufgaben vor der Lerngruppe präsentieren. Wir lernen jetzt schon, wie wir mit Unsicherheiten und Ängsten umgehen und diese lösen können.
- Bewegte Pause, bewusstes Trinken und ausgewogene Jause gehören bei uns dazu.
- Bei der gemeinsamen Jause oder beim Mittagessen richten wir den Aspekt in Richtung „soziales Lernen" aus. Wir legen dabei Wert auf Tischkultur und Verhaltens-Knigge.
- Geführte Freiarbeit als Lernen an Stationen mit allen Sinnen

ist sehr interessant. Wir erfahren kreative Methoden und lernen durch praktisches Tun => Erfahren, Begreifen, Riechen, Schmecken, Selbstgestalten u.v.m.

- Wir haben einen gehirn- und gedächtnisgerechten Tagesablauf und eine dementsprechende Pausengestaltung.
- Wir lernen, uns zu reflektieren und systematisch je nach Alter und Entwicklung mit Feedback-Instrumenten umzugehen, um so für uns unser Lernen und Wachsen sichtbar zu machen. Das untermauern wir mit vielen Aktivitäten, um selbstständig zu werden.
- Wir leben unsere Ordnungskultur unter folgendem Motto: „Jedes Ding an seinem Ort, dann findet es ein jeder dort!"
- Gelernte Inhalte werden regelmäßig wiederholt. Unser Motto: „Übung macht den Meister und gezieltes Training bringt uns weiter."
- Wir sehen ein Praxisbeispiel für zu Hause als Übung und lernen somit, selbstaktiv eine Aufgabe zu lösen und die Verantwortung dafür zu übernehmen. Forschungsaufgaben sind Teile einer Hausübung.
- Soziales Lernen, Sprachkultur sowie Stil-Knigge und Umgangsformen sind feste Bestandteile unserer Schulkultur.
- Wir lernen, achtsam mit Natur und Umwelt umzugehen.
- Wir lernen, achtsam mit fremdem Eigentum umzugehen.
- Wir erfahren Gesundheitstraining.
- Forschen, Entwicklung und Selbstgestaltung bedeuten: fächerübergreifendes und lösungsorientiertes Lernen zur Förderung des vernetzten und abstrakten Denkens sowie Handelns.

Die Unterrichtszeit
Der Unterricht beginnt von Montag bis Freitag um 8:30 Uhr und endet in der Grundstufe um 12:30 Uhr. Die Pausen werden so angesetzt, dass sie in den Unterrichtsablauf passen. Ab 8:00 Uhr ist die Schule für Kinder, die aus verkehrstechnischen Gründen früher kommen, geöffnet. Für eine Beaufsichtigung ist gesorgt.

Rituale des Ankommens – „Die Schule lädt ein, anzukommen."
Da die Kinder in sehr unterschiedlicher Verfassung in die Schule kommen, vermitteln wir gleich zu Beginn Ruhe und Harmonie.

Das erreichen wir mit Ritualen:
- *Persönliche Begrüßung durch die Lehrer*
- *Plauderecken, wo sich die Kinder vor dem Unterricht treffen können*

Und zu guter Letzt: mit der Vorbereitung des Arbeitsplatzes in der Klasse und einem Morgenritual in der Klasse (Lied, Geschichte, Fantasiereise etc.)

Der Schultag beginnt um 8:30 Uhr in Harmonie mit Musik.
Absolute Voraussetzung für dieses Willkommen sind die architektonische Gestaltung des Eingangsbereichs mit allen Facetten, wie Licht, Wegekonzept, Farben, Akustik und vielem mehr, und vor allem die Vermittlung des Gefühls: „Schön, dass du da bist!"

Emotionale „Erinnerungen" an das Willkommen am Morgen von Kindern, Eltern, Lehrern
„Juhu, ich bin wieder in der Schule!" „Mama, komm, heute fahren wir früher in die Schule!" oder: „Ich will heute als Erster in der Schule sein." Das sind keine Einzelfälle.

Bei uns gibt es in der Früh schon sehr viele besondere Momente und der Tag startet in einer sehr harmonischen Stimmung. Wir freuen uns, dass wir die bevorstehenden Stunden wieder gemeinsam gestalten können. Ja, diese Atmosphäre ist faszinierend! Zusätzlich besteht auch für Eltern die Möglichkeit, noch kurz mit der Schulleitung oder den Pädagogen Informationen auszutauschen. Unsere Schüler genießen es, früher an der Schule zu sein. Sie nutzen die Zeit, um Aufmerksamkeit zu erhalten und ein Gespräch mit den vertrauten Menschen an der Schule zu führen. Die bewusst geführte Anreise bietet uns auch die Möglichkeit, das Stimmungsbarometer jedes Einzelnen zu heben. Wir erfahren dadurch auch, wenn es Irritationen gibt, und erkennen durch Beobachtung die Verfassung der Kinder. Somit wissen dann die Pädagogen ganz genau, welche Methode für das Morgenritual (Lied, Geschichte oder Fantasiereise) geeignet ist, um Harmonie in den Klassenverband zu bringen.

Eltern berichten:

„Im Unterschied zu den Kindern in der eigenen Familie, aber auch zu jenen im Freundeskreis sind solche Aussagen kaum zu glauben. Der Morgen beginnt schon sehr entspannt, denn wir brauchen keine Sorgen haben, dass es in der Früh schon das Problem gibt, dass unser Kind ungern zur Schule geht. Unser Kind freut sich jeden Tag aufs Neue – aber nicht so wie oftmals im Kindergarten, dass ein Vor-sich-hin-Trödeln angesagt ist und ich drängen muss: ‚Komm, schneller, wir müssen in die Schule!‘ Nein. Unser Kind geht jeden Tag sehr gerne dorthin. Als Weihnachtsferien waren, sagte unser Kind: ‚Mama, ich freue mich schon, wenn die Ferien wieder vorbei sind‘.“

„Wenn ich meinen Sohn in die Schule bringe, erwarten mich freundliche Pädagogen, die mich jeden Tag begrüßen, und glückliche Kinder, die noch spielen dürfen, und eine ganz tolle, positive Atmosphäre. Zusätzlich besteht auch für uns Eltern die Möglichkeit, direkt mit der Schulleitung oder den Pädagogen zu sprechen. Ich als Mutter habe hier in dieser Schule nicht viel zu tun.“

Zusammenfassung aus der pädagogischen Praxis „Ich-Du-Wir“

Es ist unumgänglich, eine Beziehungs- und Vertrauenskultur zwischen Schülern, Pädagogen und auch Eltern aufzubauen.
Werte in der Zusammenarbeit und der Schulkultur sind: Ehrlichkeit, Offenheit, Respekt und Gleichwürdigkeit, Ordnungs- und Verantwortungsbewusstsein

Lehren und Lernen repräsentieren einen gemeinsamen Entfaltungsprozess für Kinder und Pädagogen.

- Die pädagogische Arbeit – der Tagesplan – ist so gestaltet, dass die Lernfreude, die bei jedem Kind von Anfang an da ist, erhalten bleibt, damit Lehren, Lernen, Üben und Trainieren mit Freude, Begeisterung und allen Sinnen gegeben sind!
- Der Lehr-/Lernprozess ist so gestaltet, dass durch die Anleitungen des Pädagogen das eigene Denken, Handeln, Entscheiden und Selbst-TUN der Kinder trainiert werden. Unser Grundprinzip: „Hilf mir, es selbst zu tun", um auf den Weg des nachhaltigen Lernens zu gelangen.
- Methoden auswählen, die das Hören, Sehen, Begreifen, Riechen, Schmecken, Fühlen, Selbstgestalten & das eigene Denken und Handeln der Schüler aktivieren. Im Mittelpunkt des Lehrens und Lernens steht der Schüler. Somit richten sich das „Lernen und Lehren" nach keinem „Gießkannenprinzip" aus, sondern nach den individuellen Entwicklungszyklen des Kindes.
  - Das Tempo und die Methode des Lehrens und Lernens werden von den Entwicklungszyklen sowie Begabungen jedes einzelnen Kindes bestimmt. Theoretische Inhalte werden mit praktischen Beispielen, Übungen und Anwendungsmethoden vernetzt, mit denen sich jedes Kind selbst identifizieren kann und die Chance erhält, an das eigene Wissensnetz anzuknüpfen – *lösungsorientiertes und übergreifendes Lernen anbieten!*
- Methodische und didaktische Überlegungen zur Tagesplanung sind:
  - Wo steht das Kind in seiner Entwicklung und mit seinen Fähigkeiten?
  - Wie kann ich den Sinn des Lerninhalts für das Kind transparent aufbereiten?
  - Fragen im Hinblick auf die Kinder:
  - Warum und wieso lernen wir das?

- Warum ist es wichtig, dass wir das lernen?
- Welche Verbindung kann zum alltäglichen Leben hergestellt werden, damit der Lernzugang erreicht wird?
- Welche Beispiele aus dem Lebensalltag können damit in Verbindung gebracht werden?
- Warum ist es z. B. wichtig, dass wir lernen, korrekt zu schreiben, zu lesen und zu rechnen?
- Welchen Nutzen zieht ein Kind im späteren Leben aus dem Gelernten?

- **Ziele setzen und mit Feedbackinstrumenten arbeiten**
- **Gelerntes laufend wiederholen, um so die „Lese-, Schreib- und Rechenfreude" zu wecken und die persönliche Beziehung zu jedem Kind zu stärken**
- **Gesundheitstraining** im Schulalltag ist ein Schwerpunkt im Schulgeschehen. Daher beinhaltet der Tagesablauf eine bewusste Pausengestaltung, den regelmäßigen Einsatz von Bewegungsübungen am Lernarbeitsplatz zur Stabilisierung der Körperhaltung sowie Lernrituale und mentales Training.
- **Ausgewogene Ernährung** und bewusstes **Trinken** sind uns besonders wichtig. Bei der gemeinsamen Jause und beim gemeinsamen Mittagessen praktizieren wir das unter dem Aspekt „soziales Lernen" – so werden die Tischkultur und der Verhaltensknigge von Anfang an gelebt.

Eltern berichten

„In der MeineSchule1 wird individuell unterrichtet, es gibt sinnvolle, respektvolle Vereinbarungen, die in der Schule von allen vorgelebt werden, Dinge, die Sinn im Leben haben und die Kinder auch verstehen (dass man nur lernt, wenn Ruhe herrscht, weil man sich besser konzentrieren kann; dass Ordnung herrschen soll in den Heften, dass man für die Hefte auch selbst verantwortlich ist, dass nicht die Mama jeden Tag nachschauen muss) – darauf ist unser Sohn auch selbst stolz und er ist seither viel selbstständiger geworden."

Ich kann mich noch gut erinnern: Wir hatten einen ganzen Tag ein Redaktionsteam bei uns an der Schule. Es war ein Tag wie immer!

„Bei Ihnen ist es ja wirklich ruhig, obwohl sich die Schüler bewegen dürfen und auch draußen gelernt wird. Die Kinder arbeiten selbstständig, ohne dass sie sich ablenken. Wie schaffen Sie das?" Das waren Bemerkungen von außenstehenden Personen, die miterleben durften, wie wir unsere Kultur des Lehrens und Lernens lebten. „Die Kinder helfen sich wirklich untereinander. Jedes respektiert das andere. Sie gehen sehr wertschätzend miteinander um. Es gibt keine Einschätzungen voneinander, keine bösen Worte, keine Hänseleien. Man darf hier miterleben, wie hoch die soziale Kompetenz der Kinder ist. Nicht so, wie man es oft gewöhnt ist: Ich bin der Beste, der Schnellste. Nein. Man sieht, die Kinder helfen und unterstützen einander." (Rückmeldung einer Expertin, die mit den Kindern gearbeitet hat. Sie war in einem unterrichtsbegleitenden Workshop aktiv dabei.)

Was die meisten Menschen auch noch sehr faszinierte, war die vorherrschende Ordnungskultur an der Schule. „Es ist alles so ordentlich, so liebevoll, kindgerecht und auch für Erwachsene schön gestaltet, es herrscht kein Chaos in den Räumen, keine Unordnung. Wie schaffen Sie das?" Diese Fragen waren sehr oft von externen Personen gestellt worden, die zu uns an die Schule kamen. Unsere gemeinsamen Prinzipien, die wir im Schulalltag lebten und im Tun verinnerlichten, lauteten:

- „Jedes Ding an seinem Ort, dann findet es ein jeder dort."
- „Wir gehen achtsam mit fremdem Eigentum um."
- „Wir tragen Verantwortung für unser Schulhaus, denn wir wollen lange ein schönes Schulhaus haben." Und: „Beim Lernen ist Ordnung sehr wichtig." (Schüler, 7 Jahre)

Und diese Aussagen waren für viele Menschen kaum fassbar – so etwas aus dem Mund von Kindern im Alter von sechs bis neun Jahren zu hören!

Nach ein paar Tagen kam eine Mutter zu mir ins Büro und sagte: *„Unser Kind schafft es jetzt auch zu Hause, Ordnung am Arbeitsplatz und im eigenen Zimmer zu halten. Kaum zu glauben, aber es funktioniert, seitdem es an dieser Schule ist!"*

Ethik
Die Kraft der Achtsamkeit und des gegenseitigen Respekts bringt Frieden in eine Gemeinschaft.
Bei uns funktionierte das immer so: Um unsere Schüler für das Thema Religion zu sensibilisieren, waren in Persönlichkeitsentfaltung die Themen Gemeinschaftsbildung und soziales Lernen feste Bestandteile. Dazu gehörten auch Feste und Feiern im Jahreskreis sowie Religion im Klassenverband – mit dem Ziel, das Verständnis für die einzelnen religiösen Werte zu wecken sowie Achtung und Respekt für das Andere zu haben. Ein Überblick über unterschiedliche Religionsgemeinschaften geschah unter den Schwerpunkten Sensibilisierung und Bewusstseinsbildung.

Umgang mit Medien
Viele Kinder in der heutigen Zeit sind medienüberflutet, daher gingen wir in der Grundstufe sehr achtsam mit diesem Thema um. Fernseher, Videos oder Computerspiele waren für manche Kinder in den Familien teilweise sehr unkontrolliert zugängig, darum haben wir einen ganz bewussten Umgang mit Medien forciert. Wir haben auch viel in Bezug auf pädagogisch wertvolle Filme, Videos und Lernspiele recherchiert – aber da musste man genau analysieren, ob sie auch wirklich verwendbar waren. Wenn man weiß, wie sich Medien in Bezug auf die Gehirnentwicklung bei den Kindern auswirken, dann geht man mit Medien ganz zielführend um. Meist kamen die Kinder ja „medienfit" in die

Schule. Wenn wir mit Lehrfilmen, Videos oder Computerlern-
spielen arbeiteten, gab es dazu immer eine Analyse derselben. Im
Gespräch oder mit anderen methodischen Akzenten erarbeiteten
wir dann die Inhalte.

Kinder kennen sich in der heutigen Zeit meist mit Neuen Medien
und bei technischen Sachen sehr gut aus, sie wachsen schon damit
auf. Viele Kinder haben bereits in der Volksschule schon ein eigenes Handy oder auch einen eigenen Tablet-PC für diverse Spiele.
Den Umgang mit Medien darf man nicht verdrängen, aber es ist
ganz wichtig, dass man als Erwachsener deren Handhabe bewusst
kontrolliert und beobachtet.

Der Gebrauch der Medien ist ein wichtiger Bereich in der Gesellschaft, stand aber bei uns nicht in den ersten Schulstufen im
Vordergrund. Am Anfang praktizierten wir Lesen, Schreiben,
Rechnen – und wenn man da eine gewisse Basis erreicht hat, kann
man zielführend darauf aufbauen.

Pädagogischer Tipp für zu Hause: Wenn sich Kinder Filme oder
Videos ansehen, kommt es oft vor, dass sie gewisse Inhalte noch
nicht verarbeiten können – auch wenn Eltern glauben, dass es
sich hierbei um Kinderfilme handelt. Es kommt immer wieder
vor – beobachten Sie Ihr Kind und Sie werden merken, dass es
manche Zusammenhänge auf kognitiver Ebene noch nicht verstehen kann. Einige Kinder stellen dann meistens von selbst die
Fragen, die sie bewegen, doch bei vielen kommt es vor, dass sie
alleine vor dem Fernseher sitzen und sich selbst einen Reim darauf machen. Daher ist es pädagogisch sehr wertvoll, wenn Sie als
Elternteil vorab analysieren, ob der Film, das Video oder das Spiel
am PC wirklich der Entwicklungsreife Ihres Kindes entspricht –
und wenn Sie zweifeln oder Fernsehzeiten planen, nehmen Sie
sich für Ihr Kind Zeit und sprechen Sie darüber, was es im Film,
Video oder Spiel am PC wahrgenommen hat. Kinder auf einen
bewussten Umgang mit Medien vorzubereiten, bedeutet für einen

Elternteil, auch darauf zu achten, wie der Umgang vonstattengeht und wie viel Zeit Kinder damit verbringen. Medien sollten nicht einfach als Zeitvertreib oder Erziehungsmittel hergenommen werden, damit Kinder ruhig und beschäftigt sind.

Werte der Schulkultur zur Förderung der Selbstständigkeit von jungen Persönlichkeiten

Ziele und Qualitätsmerkmale „Ich-Du-Wir-Prinzip"
Ein wertschätzendes und entwicklungsförderndes Beziehungsfeld zwischen Schülern, Pädagogen, Eltern und Erziehern zu bilden
Gemeinsame Ziele, Werte und Ideale zu entwickeln
Eine kommunikative Zusammenarbeit zu erzielen
Eigenständiges und eigenverantwortliches Handeln zu fördern

Ich-Du-Wir-Prinzip zur Förderung der Harmonie im Klassenverband – Wir-Gefühl stärken
- Bewusst wertschätzende Sprache einsetzen
- Lernen, Geduld zu zeigen, zuzuhören und auch warten zu können
- Mittun durch den Einsatz körperlicher Gesten
- Respekt vor anderen – vor Fremden
  Jeder ist in seiner Weise ein einzigartiger Sonnenschein.
- Bitte, Danke & Grüßen sind bei uns selbstverständlich.
- Der Ton macht die Musik.
  Ich darf alles fragen, nur das Wie ist bedeutend!
- Wenn mir etwas am Herzen liegt, kann ich es meinem Klassenlehrer oder der Direktion erzählen.
- Pünktlichkeit, Ehrlichkeit, Verlässlichkeit, Hilfsbereitschaft sind bei uns selbstverständlich.
  „Lügen haben kurze Beine."
- Ordnung bewusst zu leben, ist der Grundstein für Erfolg.
- Achtsamer Umgang mit eigenen und fremden Gegenständen ist bei uns das A und O.

Wir gehen mit allen Einrichtungen, Unterrichtsmaterialien, Büchern, Spielen etc. so um, als wären das unsere eigenen Sachen.
- Wenn wir etwas vereinbart haben, halten wir es ein!

Reflexionskultur und ganzheitliche Leistungsbetrachtung
Wir haben eine ganzheitliche Leistungsbetrachtung. Zusätzlich zum Zeugnis erhalten unsere Schüler einen Bericht, welcher das Entwicklungswachstum und den Leistungsfortschritt (Kompetenzprofil) beschreibt und daher für Eltern und Erziehungsberechtigte wertvoller ist als eine sterile Zahl. Ferner bildet der Bericht die Grundlage für ein Gespräch mit den Pädagogen – mit dem Ziel, dass Schüler und auch Eltern nach der Pflichtschulzeit ganz genau informiert darüber sind, wo die Stärken, das Können, die Fähigkeiten des Kindes liegen, und ihnen ein Leitfaden mitgegeben wird, wohin der nächste Lebensabschnitt führt. Sie wissen es nicht nur mündlich vom klassenführenden Pädagogen, sondern haben ein Stück Papier, auf dem das Kompetenzprofil des Kindes festgehalten ist.

Eltern sprechen
„Mit dem Zeugnis erhalten wir eine Schulnachricht, die uns einen Einblick in die Talente und Begabungen unseres Kindes gibt – und das gefällt uns sehr gut. Einerseits werden die Leistungen benotet, was ja im Sinne des gängigen Schulsystems ist, und andererseits gibt ein schriftlicher Bericht genaue Informationen darüber, wo unser Kind in der Entwicklung steht. Dieser ist immer so nett geschrieben – darin können wir nachlesen, wie sich unser Sohn entwickelt hat, wie er im Umgang mit seinen Mitschülern ist, wie er den Unterricht mitgestaltet, ob er aktiv ist, was seine Hauptinteressen sind, ob er fair zu den anderen Kindern ist, wie er mit Erwachsenen umgeht, wie er sich in den Hauptfächern entwickelt hat, welche Gebiete ihn besonders interessieren, wie er mit den Schulsachen umgeht und noch vieles mehr.“

„Fehler darf man schon haben, sonst kann man sich nicht weiterentwickeln."
Und hier lebt oftmals in Schule ein verkehrtes System. Kinder/ Jugendliche hören zu oft und häufig, was sie nicht können, und so kann kein Mensch selbstbewusst werden und erhält auch nicht die Chance, zu erfahren, was tatsächlich seine Stärken sind.

Aus der Praxis: Ein Schüler (7 Jahre) arbeitet an einer Aufgabe, nach einer Weile sagt er: „Das kann ich nicht, denn ich will ja keinen Fehler machen." Wichtig ist es, aus Fehlern zu lernen und diese Einstellung in der Schule zu leben, es den Kindern/Schülern immer wieder zu erklären, ihnen die Angst, Fehler zu machen, in Gesprächen zu nehmen, dem Kind sagen, was es richtig gemacht hat, und nicht, was falsch war.

Für die Praxis:
Ist es erforderlich, einem Kind die Rückmeldung zu geben, dass es noch nötig ist, eine Aufgabe zu trainieren und zu üben, bevor ein aufbauender Inhalt vermittelt oder vertieft werden kann, ist es immer wichtig, zu erklären, warum noch ein Übungsfeld oder ein Training gebraucht wird. Wesentlich dabei ist, dass eine achtsame und klare Sprache gewählt wird und das Kind versteht, was die Lehrperson sagen will. Den Kindern soll vermittelt werden, dass wir nur durch Üben und Trainieren zum Erfolg kommen und das zum „Lernen" dazugehört, um Inhalte in unserem Gehirn abzuspeichern und auch jederzeit abrufen zu können. Dass wir uns laufend weiterentwickeln, zählt zu einer wichtigen Fähigkeit jedes Menschen. Den Kindern soll das Übungsfeld als positiv vermittelt und kein Druck oder Stress im Gespräch verursacht werden. Grundsätzlich verlangt ein Kind zu erfahren, wie seine Leistung, seine Arbeit ist. Kinder wollen wissen, wie weit sie in der Entwicklung sind. Sie wollen es hören, erfahren – wie war ich? Das sind tägliche Ansprüche der Kinder an den Pädagogen. Wir müssen den Kindern sagen, was sie können, was sie noch zu üben haben,

damit sie eine Aufgabe lösen können. Ja, das ist wirklich so! Daher ist der Dialog zwischen Lehrer und Schüler sehr wichtig und nicht wegzudenken. Und dafür muss in der Schule ausreichend Zeit sein, um miteinander zu sprechen. Kinder haben eine ganz andere kognitive Ausprägung und daher ist das Gespräch so wichtig. Wenn ein Kind die Botschaft von etwas Gesagtem nicht versteht, bleibt etwas offen oder unklar – und das ist für den Lernprozess nicht gut, denn Lehren und Lernen sollen ganzheitliche Verstehensprozesse sein. Und wenn das nicht gemacht wird, wenn Kinder die Leistungsrückmeldung des Lehrers nicht verstehen, entsteht eine Verwirrung aller Beteiligten. Das Gefühl, eine unfaire Note oder Rückmeldung zu bekommen, führt dann bis hin zu Notendiskussionen auf bildungspolitischer Ebene – mit der Folge, dass dann darüber Menschen nachdenken, die nicht wirklich jeden Tag mit Kindern/Schülern und Pädagogen zu tun haben. Wir dürfen nicht erwarten, dass hier praxisrelevante Lösungen gefunden werden. Wichtig ist, dass wir den Druck herausnehmen, mit der Note keine Angst machen, dass wir Kinder nicht über die Sprache demotivieren, wenn etwas noch nicht so gut funktioniert. Es ist dann die Aufgabe eines Pädagogen, so zu arbeiten, dass das Kind bestärkt wird, dass dem Kind zielführende Anleitungen zum Üben gegeben werden, damit eine Leistungsverbesserung erzielt werden kann. Leben und realisieren wir diese innere Haltung in der pädagogischen Praxis, dann bin ich davon überzeugt, dass wir hier eine Verbesserung erreichen können und die Notendiskussionen gemindert werden. Wichtig ist immer, Ursache und Wirkung zu hinterfragen, dann findet man einen ganzheitlichen Weg der Leistungsbetrachtung und mehr Verständnis und Zufriedenheit bei allen Beteiligten werden erzielt.

Feedback-Kultur pflegen und Selbsterfahrungsübungen anbieten
Regelmäßige Feedback-Schleifen und Selbsterfahrungsübungen bereits ab der 1. Schulstufe einzuplanen, eröffnet Kindern die Chance, die eigene Leistung zu reflektieren. Somit wird das Refle-

xionsbewusstsein von klein auf geschärft, um das eigene Wachstum und den Fortschritt sichtbar zu machen.

Wie bereits dargestellt, präsentiert der Lehrer zu Beginn die Ziele für den Tag. Der Tagesplan sollte immer damit enden, dass auch die Schüler lernen und befähigt werden, über ihr Tun, ihre Leistung nachzudenken. Im Erstunterricht (1. Schulstufe) wird das vorläufig ausschließlich mündlich gemacht, hierzu eignen sich z. B. Kreisgespräche oder kreative Übungen am Blatt Papier. Sobald die Schüler die Fertigkeiten für Lesen und Schreiben entwickelt haben, können auch andere Methoden der Reflexion und Selbsterfahrung gewählt werden, z. B. in Form eines Fragebogens. Der bewusste Einsatz von Reflexionsübungen eröffnet die Chance, das Geistesbewusstsein von Kindesbeinen an zu schulen, Feedback selbst einschätzen zu können und dadurch ein transparentes Feedback von der Lehrperson zu erhalten.

Aus der Praxis für die Praxis

Wir arbeiten bereits mit den Kindern ab der 1. Schulstufe so, dass sie auch lernen, sich selbst zu überdenken und ihre eigene Leistung einzuschätzen. Hierzu gibt es dem Alter entsprechend unterschiedliche Methoden und Ansätze. Faszinierend dabei ist, dass, wenn Kinder in ihrer Ausgeglichenheit und Zufriedenheit von Natur aus eine sehr gute Selbsteinschätzung haben, es eher selten vorkommt, dass ein Kind von sich selbst ein verzerrtes Bild hat. Wir arbeiten regelmäßig mit Feedback-Instrumenten und gerade vor Semesterbeginn und zu Schulschluss haben unsere Kinder ein Dialoggespräch mit der Klassenlehrerin über die eigene Leistung. Das kann so organisiert sein, dass es beim geführten Lernen an Stationen eine Station gibt, an der jedes Kind die Möglichkeit zu dieser Feedback-Unterhaltung hat. Bei den älteren Kindern wählen wir mündliche und schriftliche Instrumente der Rückmeldung.

Persönlichkeitsentfaltung und Interessenfelder
Kinder erleben, erfahren, begreifen und tun

Der neue Schultyp ermöglicht es, die Begeisterung, aber auch den Lernerfolg leben zu lassen. Das Schulkonzept ist so gestaltet, dass Schule ein Lebensraum für Kinder ist, ihre Neugier weckt und sie mit Freude und Begeisterung ihre Arbeit – „das Lernen" – verrichten können. Ob das Lernen nach diesem Leitprinzip funktioniert, hängt nicht nur von den Lerntechniken ab, sondern vom ganzen Umfeld. Kinder verbringen teilweise sehr viel Zeit an der Schule – vor allem, wenn sie auch noch in der Nachmittagsbetreuung sind.

Kinder sind neugierig auf alle Themen, mit denen sich auch Erwachsene beschäftigen. Sie kennen ihre Fragen: Warum? Wieso? Weshalb?

Gerade im Alter zwischen fünf und zehn Jahren zeigt sich auch großes Interesse an folgenden Themen: Naturwissenschaft, Land- und Gartenbau, Gesundheitsbildung, Ernährungslehre, Technik.

Großeltern sprechen

Dass Schule wirklich ein Entfaltungsort der Persönlichkeit sein kann, berichtet ein Opa eines Schülers: „Mein Enkel geht jeden Tag gerne in die Schule und wenn ich die Entwicklung seit der ersten Klasse betrachte, dann ist kaum zu fassen, was aus ihm geworden ist. Und das Schönste ist, [dass,] wenn ich ihn frage: ‚Wie war es in der Schule?', immer die gleiche Antwort kommt: ‚Schön war es, Opa!'"

„Jedes Gefäß wird enger, wenn man es füllt, nur das Gefäß des Wissens nicht, denn es dehnt sich aus."

Daher habe ich im Rahmen der Schulentwicklungsarbeit, als ich die öffentlich anerkannten Lehrpläne studierte und verglich (österreichischen Lehrplan, Herzogenburg, Glocksee-Lehrplan inklusive Differenzierungslehrplan), den neuen Unterrichtsgegen-

163

stand Persönlichkeitsentfaltung und Lebensbildung entwickelt, um die Basis der Schlüsselkompetenzen fürs lebensbegleitende Lernen ab der 1. Schulstufe im neuen Lehrplan zu verankern.

Diese Lerninhalte werden nicht nur als Unterrichtsinhalte in einem neuen Fach vermittelt, sondern leben in der Schulkultur und im Schulklima des neuen Schultyps – in der Hausordnung, unserem Ich-Du-Wir-Prinzip der Schulkultur und in der Klassenkultur. Diese Inhalte des neuen Lehrplans werden auch fächerübergreifend altersgerecht ab der 1. Schulstufe erarbeitet. Jede Schulwoche gibt es einen Wochenschwerpunkt und dieser Inhalt begleitet dann die Lerngruppe übergreifend bei allen anderen Gegenständen. Projektorientiertes Arbeiten und kooperatives Lernen werden in Form von Workshops und Unterrichtsprojekten veranstaltet.

Bewegte Pause

Wir bereiten die Kinder mit dem Schuleintritt darauf vor, zu lernen, dass, wenn ihre Konzentration abfällt, eine Pause wichtig ist. Wir leiten sie an, in einer vorbereiteten Umgebung, an einem Platz im Lernzentrum, selbstständig Bewegungsübungen durchzuführen oder auch eine Trinkpause zu machen. Hierzu gibt es direkt neben dem Lernzentrum (der Klasse) eine eigene Trinkstation, wo ein Krug Saft mit Bechern bereitsteht. Auf diese Weise kann der Lehrer beobachten, ob beim Lernen auch wirklich ausreichend getrunken wird. Sobald die Konzentration einzelner Schüler nachlässt, kann die Lehrperson das Kind in die bewegte Pause schicken. Wichtig ist, dass man sich die Zeit nimmt und die Kinder darauf vorbereitet, damit das auch wirklich klappt. Wesentlich hierbei ist, dass es Vereinbarungen gibt, die einzuhalten sind.

„Die Trinkpause und die Bewegungsübung in den Tagesablauf einzubinden, ist im Schulalltag ein Segen." Ich kann mich noch gut erinnern: Wir hatten wieder einmal ein Redaktionsteam an der Schule

– es war ein Tag wie immer – und das Team war sehr beeindruckt, dass das so toll klappte. Unsere Methode stellten sie dann auch in ihrem Beitrag in der Zeitung vor.

Mentales Training und Übungen sowie Kommunikationstraining

Bewegungsübungen, mentales Training sowie Schulungen in der Sprache und im Ausdruck sind fundamentale Bestandteile des pädagogischen Konzepts und in den Tagesablauf integriert. Die Lektionen werden regelmäßig zu fixen Zeitpunkten durchgeführt.

Kreativität als fester Bestandteil im Wissenserwerb

Der menschlichen Kreativität sind keine Grenzen gesetzt. Schafft man es als Pädagoge, in die Wissensvermittlung die schöpferische und emotionale Fähigkeit einzubinden, öffnet man den Weg zum nachhaltigen Lernen. Darunter ist nicht nur zu verstehen, dass das kreative Gestalten eingebunden wird, sondern alle produktiven Fähigkeiten, wie Musizieren, Singen, Tanzen, Bewegung, eröffnet werden, um den Einfallsreichtum im Denken, Handeln und Entscheiden zu fördern, damit das lösungsorientierte eigenständige Denken angespornt wird. Nicht den Schülern gleich die Anleitung zu geben, sondern gemeinsam zu erkunden – auch zu erforschen –, was es braucht, dass wir eine Lösung erhalten, ist zielführend. Kinder sollen darin angeleitet werden, dass die Fähigkeit zum lösungsorientierten Denken, also zum selbstständigen Nachdenken und Überlegen nötig ist, um herauszufinden, was es braucht, damit eine Sache/eine Arbeitsaufgabe bewältigt werden kann.

Beispiel: Der Vatertag naht. Der Pädagoge will aus diesem Anlass ein Geschenk gestalten. Es sollte nicht nur so sein, dass der Pädagoge über eine Idee nachdenkt, sondern seine Aufgabe ist es, auch das Kind einzubinden – z. B. durch ein lösungsorientiertes Gespräch, gemeinsames Ideen-Sammeln. Das Kind hat ja eine sehr starke emotionale Bindung zum Vater. Hierzu kann die

Frage gestellt werden: „So, es kommt der Vatertag – was glaubst du, worüber würde sich dein Vater freuen? Was willst du deinem Vater schenken?"

Quergedanke zum Schenken und Gestalten:

Es muss auch nicht immer ein Werkstück erstellt werden, es können mit einem selbst gestalteten Briefpapier und persönlichen Worten des Kindes auch herzensberührende persönliche Geschenke entstehen. Es ist an der Zeit, den Mut zu entwickeln, Herzensbotschaften zu vermitteln – unter dem Motto: einmal anders schenken und jemandem eine große Freude bereiten.

Lernpsychologischer Mehrwert:

Indem man das Kind in den Ideenfindungsprozess einbindet, überträgt man ihm die Entscheidung, sodass es auch die Verantwortung dafür zu übernehmen hat, also den Entschluss mittragen muss. Es gibt dann kein „Das freut mich nicht" oder Schnell-Schnell-Arbeiten. Nein. Dem Kind soll bewusst gemacht werden, dass das ein Teil der eigenen Idee war und es jetzt an der Zeit ist, diese Maßnahme auch mitzutragen. Bleiben wir beim Beispiel „Kreatives Gestalten und Schreiben". Der Lehrer und der Schüler entscheiden sich, ein selbst gestaltetes Briefpapier nach einer besonderen Basteltechnik zu erstellen und darauf dann in schönster Schrift persönliche Worte des Kindes an den Vater zu übermitteln. Damit das Präsent auch schön dargereicht wird, überlegen sich der Schüler und der Lehrer, wie sie eine ganz schöne Verpackung kreieren können.

Kompetenzen, die hier ein Schüler erlernen kann, sind:
• Kennenlernen von Methoden der Ideenfindung
• Erfahren von Entscheidungsfindungsprozessen
• Schärfung des Verantwortungsbewusstseins
• Trainieren des ordentlichen Gestaltens und Ausführens
• Anwendung lösungsorientierter und vernetzter Denkstrukturen

- Schulung in Selbstdisziplin und Konzentrationsfähigkeit
- Kenntnis von Methoden und Techniken zum kreativen Gestalten (z. B. Umgang mit einer Bastel- oder Farbtechnik selbstaktiv erlernen)
- Genauigkeit im Arbeiten
- Übung der Deutschkompetenzen:
  - Brief schreiben
  - Richtige Anwendung der Rechtschreibung und Grammatik
  - Ausdrucksmöglichkeiten formulieren und das Schönschreiben anwenden
- Persönliche Präsentation des Briefes am Vatertag

Kreative Workshops und Lernen mit Experten

Thema: „Ernährungslehre und Kochen für Kinder & Lebensmittel mit allen Sinnen erforschen"

Einen neuen Weg zum und im Umgang mit Lebensmitteln und einen Zugang zur Ernährungslehre von klein auf bewusst zu machen und Kinder anzuleiten, dass eine gesunde Küche und ein ausgewogenes Essen wichtige Bestandteile fürs Lernen und Leisten sind, ist hierbei etwas ganz Wesentliches. Das Ziel ist, dass in Zukunft das gesunde Essen im Erwachsenenalter eine Selbstverständlichkeit ist. Dieser Themenschwerpunkt wird dann zugleich auch in Deutsch und Mathematik eingebaut. Die Schüler lesen und analysieren in Deutsch Texte zu diesem Thema oder erforschen Rezepte. In Mathematik gibt es Sachbeispiele, wo zu diesem Themenbereich gemeinsam etwas berechnet wird. Und in der Projektarbeit bauen wir immer wieder einen Schwerpunkt ein, dass im Team eine Aufgabe gelöst, erarbeitet und erforscht wird, die eine Bereicherung zum Thema Ernährungslehre für Kinder ist. Haben wir ein Projekt, wo auch eine Zubereitung im Vordergrund steht, gibt es zusätzliche Informationen mit nach Hause. Die Kinder bekommen dann die Rezepte mit. Somit sollte dieser Mehrwert auch für eine Familie von Nutzen sein.

Thema: wertvolle Cerealien für ein ausgewogenes Frühstück, um fit fürs Lernen zu sein

In einem Workshop haben wir dieses Thema gemeinsam mit einer Expertin, einer TCM-Therapeutin, erarbeitet. Die Kinder haben dazu verschiedene Cerealien kennengelernt, erfahren, warum diese Nahrungsmittel so wertvoll für den menschlichen Körper, vor allem für das Gehirn sind. Zugleich haben sie unterschiedliche Zutaten verkostet – eine sensorische Übung, um die eigene Wahrnehmung zu fördern. Anschließend wurden in Lesen und Schreiben verschiedene Texte analysiert und auch Teile von Rezepten ins Schreibheft geschrieben. Am Ende wurden drei Frühstückvariationen in Form eines Workshops zubereitet. Anschließend wurden die Rezepte mit nach Hause genommen. Als die Eltern die Kinder von der Schule abholten, sagte gleich eine Schülerin zu ihrer Mutter: „Mama, wir haben heute etwas ganz Gutes gemacht! Hier hast du das Rezept, das können wir nun auch zu Hause machen." Durch diese Art und Weise der Unterrichtsarbeit bekommen auch Eltern die Möglichkeit, über Themen informiert zu werden. Eine Mutter gab die Rückmeldung beim Elterngespräch: *„Nicht nur mein Kind bekommt Lebensinhalte mit, sondern auch für mich ist das immer sehr interessant, was sie in Persönlichkeitsentfaltung mit den Kindern machen."*

Lernen im Freien und Zugang zur Natur

Unter dem Motto: die Natur erforschen, Experimente gestalten und in der Natur gemeinsam gelernte Inhalte wiederholen

Die Wiederholung von gelernten Inhalten findet bei uns regelmäßig auch im Freien statt. Zugleich nutzen wir auch den Zugang zur Natur, um gemeinsam Dinge zu bestimmen und Themenbereiche zu erforschen. Hierzu gibt es ein Einverständniserklärungsblatt für Eltern, das wir den Erziehungsberechtigten im Vorfeld präsentieren, um so die Bestätigung zu erhalten, dass sie diese Form des Unterrichts auch unterstützen und befürworten.

Gerade in der Sommerzeit ist diese Form des Lernens optimal, um die Schüler auch an heißen Tagen für das intensive Lernen zu begeistern, aber auch von klein auf den Zugang zum Natur-, Land- und Gartenbau herzustellen und die Schüler für bestimmte Lebensinhalte zu sensibilisieren.

Wahrnehmungen und Einschätzungen von Kindern zur Schule
Kinderherzen berichten

Wie geht es dir an der Schule?
„Super/Gefällt mir sehr gut/Wir haben die beste und schönste Schule." (Diese Antworten waren immer die gleichen, in allen Interviews.)

Wie beschreibst du deine Schule?
„Wir haben eine sehr schöne Schule mit bunten Wänden, Wandmalerei in den Räumen!"
„Ah, genau. Besonders gut gefällt mir der Eingang mit dem großen schönen Bild. Und auch, dass wir so ein schönes Klassenzimmer haben. Viel Platz ist in der Klasse. Ich habe einen eigenen Arbeitsplatz. Wir haben einen großen Bewegungsraum für die Pause, der gefällt mir sehr gut. Und einen eigenen Pausenraum mit einer Küche. Da machen wir auch Projekte."

Was gefällt dir besonders gut?
„Dass unser Unterricht immer so interessant ist. Die Frau Lehrerin macht mit uns immer so tolle Sachen. Dass wir uns in der Pause bewegen dürfen.
Lernen an Stationen gefällt mir voll gut. Wir machen auch viele andere Sachen. Schauen uns Dinge an und mir gefällt das, wenn wir wieder eine Forschungsaufgabe haben. Das Projekt ,Holz' gefällt mir sehr."

Was gefällt dir nicht gut?
„Dass ich nicht in der Nachmittagsbetreuung sein kann und vielleicht, dass wir keinen Spielgarten haben."

Schulsteuerung und Schulführung – Einblick in die Praxis
In diesem Abschnitt erhalten Sie einen Einblick, wie ich mit den Pädagogen arbeitete, damit sie mit Freude ihren Berufsalltag lebten, einen sehr guten Unterricht für die Kinder erreichten und vor allem die Fähigkeit erhielten, die Konzeptbestandteile der pädagogischen Arbeit zu realisieren.
Ich hatte also die Rolle der Konzeptentwicklerin und Schulgründerin im Zeitraum der Schulstartvorbereitung übernommen. Als dann die Schule im operativen Betrieb war, war ich das Steuerungsorgan der Schule, also die Schul- und Qualitätsmanagerin in der Leitungsfunktion, Personalentwicklerin, Beraterin, Coach und Teamlehrerin für Pädagogen sowie Ansprechpartnerin für Kinder und Eltern.

In der Rolle der Geschäftsführerin für den Trägerverein gehörten neben den administrativen und verwaltungstechnischen Belangen folgende Aufgaben zu meinem Verantwortungsbereich: Präsentation der Schule, Organisation der Öffentlichkeitsarbeit, Koordination für Schulpartner, Projektmanagement bei Unterrichtsprojekten, Anwaltschaft und Verteidigung in schulischen und geschäftsführenden Belangen. Vor allem aber war ich Vermittlerin zwischen und Fürsprecherin aller beteiligten Personen – also die „Mutter für alles" an der Schule.

Meine persönliche Einstellung: „Bildungsmanagement und erfolgreiche Schulsteuerung beginnen dort, wo Macht aufhört und Frieden als Selbstverständlichkeit gilt." Der Schulfrieden ist der Nährboden für eine ganzheitliche, erfolgreiche und nachhaltige Leitung einer Schule – und steht damit im Zusammenhang für das Führen von Mitarbeitern sowie das Lehren und Lernen mit Begeisterung im Unterricht. Der neue Schultyp fordert eine neue Generation von Führungs- und Leitungskräften, die zum Wohle der Kinder, Mitarbeiter und Eltern agiert.

Das Kind, der Pädagoge und auch die Eltern stehen im Mittelpunkt der Schulsteuerung.

Es liegt an den handelnden Personen, eine professionelle Lerngemeinschaft an der Schule zu bilden – und das ist nur dann möglich, wenn alle ein starkes Wir-Gefühl leben und im Sinne der Schule handeln. Die pädagogische Arbeit und der Schulfrieden müssen im Vordergrund stehen.

Der Pädagoge hat die zentrale Rolle des Lehrens und Lernens. Er ist Lehrer, Beobachter und Begleiter der Kinder und Leiter der Lerngruppe. Damit die Grundsäulen – das Fundament – des pädagogischen Konzepts gefestigt werden, sind ein schulbegleitendes Coaching und eine reflektierende Beratung für Pädagogen bedeutende Bestandteile in der Personalentwicklung. Sie werden unterstützt, um die Prinzipien des pädagogischen Entwurfs im Lehren und Lernen zu realisieren, um den Kindern ganzheitliches Lernen mit allen Sinnen zu ermöglichen. Das ist die Grundlage für eine professionelle Lerngemeinschaft.

Selbstreflexion im Unterricht und begleitende Führungsmodelle in Anlehnung an den bereits zitierten Ansatz von John Hattie (2016 [38]) sehe ich als fundamentale Führungsprinzipien, wenn man seinen Schülern tatsächlich erfolgreiches Lehren und Lernen ermöglichen möchte. Diesen Weg bestätigten auch meine Erfahrung und meine Beobachtungen in vielen Situationen und Erlebnissen. Im berufsbegleitenden Coaching trainiert man die Lehrperson, das eigene Handeln im Lehren zu überdenken und sich dies bewusst zu machen, um die Professionalität der Unterrichtsarbeit laufend weiterzuentwickeln.

---

38 Vgl. Hattie 2016

Resümee: Dieser Ansatz der Mitarbeiterführung und Begleitung von Lehrpersonal führte mir die Notwendigkeit und den Bedarf im Berufsalltag vor Augen. Ich stelle diesen Vergleich absichtlich an, um Ihnen bewusst zu machen, dass auch Experten aus der Forschung diese Forderung in ihren Untersuchungen bestätigen. Das ist also keine Utopie, sondern eine dringend notwendige Umsetzungsmaßnahme im Alltag. Man muss den Mut haben, es zu TUN!

Die Schulleitung ist das Steuerungsorgan und nimmt die Rolle des Bildungsmanagers und Geschäftsführers ein, damit das System „rund, professionell und menschenwürdig läuft" und die Beteiligten – also nicht nur Kinder, sondern auch Pädagogen – ihre Potenziale allumfassend entwickeln können. Die Führungsaufgabe steht im Zusammenhang mit der Rolle eines Wissenstransporteurs und Sprachrohrs für Lehrer, Schüler und Eltern. Mit einem Wort: ein Helfer mit einem großen Herzen zu sein, um Menschen zu führen, zu begleiten und anzuleiten.

Neue Konzepte fordern eine neue Form der berufsbegleitenden Qualifizierung für Pädagogen – schulbegleitendes Coaching in der Konzeptumsetzung

Ein wesentlicher Schwerpunkt des neuen Schultyps ist, dass Pädagogen in den ersten Dienstjahren unterstützt werden, um einerseits die Fähigkeit zu erlernen, mit den Konzeptbestandteilen zu arbeiten, aber auch regelmäßig Information und Erfahrungen auszutauschen.

Das berufsbegleitende Coaching ist individuell auf den Pädagogen abgestimmt und wird in den schulischen Alltag integriert. Die Dauer und Vertiefungsschwerpunkte der berufsbegleitenden Unterstützung, die persönlich von mir durchgeführt wird, sind vom jeweiligen Pädagogen abhängig. „Man muss ihn dort unterstützen, wo es tatsächlich gewinnbringend für Lehrer und Schüler ist." Mein Ziel ist hierbei, dass ich Pädagogen so unterstütze, dass sie befähigt sind, nach den Konzeptelementen zu arbeiten, und im Sinne der Lerngruppe ihren Unterricht vorbereiten.

Zugleich werden Pädagogen, die von mir persönlich angeleitet werden, auch in der Folge als Mentoren für Neueinsteiger an einem Schulstandort eingesetzt. Zugleich werden sie hierfür von administrativen Tätigkeiten entlastet, damit Zeit für die pädagogische Arbeit bleibt. So bekommen Sie alle wichtigen Unterlagen, die für ihre Tätigkeit im Rahmen meines Entwurfs sowie für die Führung einer Klasse wichtig sind. Sie erhalten dahin gehend alle relevanten Unterlagen und eine persönliche Einschulung.

Lehrpersonen erhalten das Konzeptpapier und eine persönliche Begleitung für:

- Methoden und Möglichkeiten, um über die eigene Unterrichtsarbeit zu sprechen
- Individualisierung und Differenzierung im Unterricht
- Tages- und Wochenpläne
- Lehr- und Lerntagebücher, um eine ganzheitliche Leistungsbetrachtung zu ermöglichen
- Methodenbausteine, um sinnstiftendes Lernen in geführter Freiarbeit zu gewährleisten
- Methoden zur Steigerung der Reflexionsfähigkeit
- Anleitungen für Elternarbeit
- Anleitungen für unterrichtsbegleitende Projektarbeit und Workshops
- Persönlichkeitsentfaltung und Lebensbildung
  - Anleitungen für lebensnahe Projekte
  - Gesundheitserziehung für Kinder
  - Natur- und Kräuterkunde
  - Garten- und Landbau
  - Kunstprojekte

Diese Form der Unterstützung in der pädagogischen Praxis ermöglicht es, dass der pädagogische Ansatz tatsächlich umgesetzt wird. Die Pädagogen erfahren so auch die geführte Freiarbeit mit allen Sinnen. Sie erhalten Informationen zur Schul- und Hausordnung, damit das Ich-Du-Wir-Prinzip realisiert wird, um ein harmonisches Schulklima zu garantieren, sowie Impulse und Anleitungen, um die Aktivitäten in der Lerngruppe durchzuführen. Zugleich erfahren sie, wie sie ihre Unterrichtsarbeit Revue passieren lassen, über ihre Arbeit sprechen und darauf weitere Handlungen aufbauen, um das Professionsbewusstsein für die Unterrichtsarbeit zu schärfen, damit die Unterrichtsqualität laut § 2 im Organisationsstatut sichergestellt ist.

Schule braucht das Recht auf Frieden.
Das Schulkonzept ist so aufgebaut, dass Frieden, Freiheit und Begeisterung für die Leitung einer Schule, die Gestaltung des Unterrichts und die Führung und Anleitung von Kindern und Lehrpersonen sowie die Zusammenarbeit mit den beteiligten Eltern erfolgreich umgesetzt werden. Die handelnden Personen sind hierbei die tragenden Säulen – mit dem Ziel, gemeinsame Werte und Visionen der pädagogischen Arbeit im Schulalltag umzusetzen. Daher sind das Personalaufnahmeverfahren sowie die Personalentwicklung essenzielle Parameter des Schulentwurfs.

Führungsansatz – die Teamfähigkeit in der Schule stärken
Alle Personen, die nach dem neuen Konzept arbeiten, haben eine wichtige und individuelle Funktion und Aufgabe – wie Perlen an einer Kette. Meine Aufgabe ist es, jede Perle an ihren Platz zu bringen (zu unterstützen).
Die direkte Instruktion und reflexionsstarke Personalqualifizierungsinstrumente, wie kollegiale Hospitation, Teamteaching sowie gemeinsame Workshops und Unterrichtsprojekte, sind in der Mitarbeiterführung sehr wichtig, um einerseits die Teamfähigkeit in der Schule zu stärken und auch Lehrpersonen in der Arbeit mit Kindern zu unterstützen – aber auch, um Prozesse zu erforschen und zu reflektieren, sodass Impulse für die Weiterentwicklung

gesetzt werden. Diese Personalentwicklungsinstrumente dienen der Erkenntnis, wie die pädagogischen Handlungen auf das Kind, die Lerngruppe Einfluss nehmen. Regelmäßige gemeinsame Nachmittage und pädagogische Meetings sowie Schulentwicklungstage nutzen wir, um über die pädagogische Arbeit zu sprechen und gemeinsam Ideen zu filtern, Aktivitäten zu erarbeiten, die Rollen und Aufgabengebiete zu verteilen. Für Aktivitäten und Projekte gibt es auch ein Anleitungspapier zur Umsetzung dieser Themenbereiche in der Projektarbeit. Zugleich dient es zur begleitenden Unterstützung in der pädagogischen Praxis.

Autonomie in der Personalauswahl

Zielführende Aktivitäten in der Personalentwicklung sowie ein praxisbezogenes Personalaufnahmeverfahren nehmen im neuen Schultyp sehr bedeutende Stellenwerte ein. Der schulische Alltag ist von einer Vielfalt an Entwicklungs- und Kommunikationsprozessen geprägt. Damit eine zielorientierte Auswahl und ein erfolgreiches Führen und Leiten von Mitarbeitern sowie das Lehren und Lernen in der Schule gelingen können, sind Autonomie in der Personalauswahl und Personalentwicklung unverzichtbare Paradigmen.

Wie bereits in Kapitel 2 erwähnt, besteht das Personalauswahlverfahren aus mehreren Phasen. Die Personalauswahl ist eine sehr wichtige Säule und nimmt auch sehr viel Zeit in Anspruch, bringt jedoch eine enorme Rendite für weitere Schulprozesse. In einer systematischen und praxisnahen Vorgehensweise finde ich immer die passende Lehrperson für eine Lerngruppe.

Die Personalentwicklung fordert immer mehr, dass nicht das Papier im Vordergrund stehen soll, sondern der Mensch. Somit sind Personaleinstellungen, welche ausschließlich über die Registrierung des Lebenslaufs und das Bewerbungsgespräch erfolgen, im pädagogischen Bereich nicht mehr zeitgemäß. Diese Methode ist kein Erfolgsgarant mehr, denn das Papier ist geduldig. Sich ausschließlich auf Qualifikationsebene eine Einstellung zu bilden, kann sehr riskant sein – vor allem hinsichtlich der bereits erwähnten These: Eine Lehrbefähigung zu haben, bedeutet noch lange nicht, dass ein Mensch imstande ist und die Kompetenz in der pädagogischen Praxis besitzt, einem Kind Inhalte begreifbar zu machen und es zu begleiten.

Vielmehr ist es von Bedeutung, in Erfahrung zu bringen, wie der Umgang mit Kindern und das pädagogische Handeln ablaufen. Das Personalaufnahmekonzept nach dem neuen Schultyp besteht daher aus mehreren Phasen, um mehr über die Person und auch ihre Arbeit zu erfahren. Ein wichtiges Element dieser Vorgehensweise ist, dass die Lehrpersonen, die in die engere Auswahl gekommen sind, die Chance erhalten, direkt mit den Kindern zu arbeiten.

Diese praxisbezogene Vorgehensweise ist zwar sehr zeitaufwendig, eröffnet jedoch die Chance für die Schulleitung, im Sinne der Schule – des Lehrkörpers und des Klassen- oder Gruppenverbands – die Dienststelle zu vergeben und für die Schule die richtige Entscheidung zu treffen. Ein Personalaufnahmeverfahren fordert also hier weit mehr als nur die Methode, den Lebenslauf, das Bewerbungsschreiben und Erstgespräch zu analysieren. Das ist der große Unterschied zum herkömmlichen Bildungswesen.

Personaleinschulung

Ist das Bewerbungsverfahren abgeschlossen, da die Entscheidung der Personalauswahl getroffen worden ist, folgt die Personaleinschulung. Der Einschulungszeitraum soll angehende Pädagogen unterstützen, das Fundament der Schule und pädagogischen Arbeit kennenzulernen und weitere Anleitungen zu erhalten. Der Einschulungszeitraum findet in den Sommermonaten statt, damit zum Schulstart Klarheit und zielstrebiges Arbeiten möglich sind.

Pädagogen berichten:

„Ich finde, diese Regelung passt sehr gut, denn auch mir ist es wichtig, dass alle Vorbereitungsmaßnahmen für einen erfolgreichen Schulstart vor Schulbeginn geregelt werden. Und wenn man ein engagierter Pädagoge ist, dann nutzt man die Ferien auch zur persönlichen Weiterentwicklung der eigenen Unterrichtsarbeit. Man macht sich ja im Vorfeld schon Gedanken über die Schule bzw. den Unterricht und nicht erst am ersten Schultag, was so viele Menschen oftmals glauben."

Anforderungsprofil an das Lehrpersonal

Eine pädagogische Grundausbildung, ein hohes Maß an Engagement und sozialpädagogischer Kompetenz sowie die laufende Weiterbildung zur Qualifizierung für das pädagogische Konzept sind Grundvoraussetzungen für die Gewährleistung einer professionellen Lerngemeinschaft.

„Pädagogen, die ihren Beruf mit Freude und Begeisterung ausüben, sind eine Bereicherung für die Schüler."

Dienstzeit

Eine klassenführende Tätigkeit umfasst bei uns an der Schule eine Vollzeitbeschäftigung mit 38 Wochenstunden, davon sind 21 Stunden Unterrichtstätigkeit und die restliche Arbeitszeit dient der Vor- und Nachbereitung am Schulstandort. Die Dienstzeittätigkeit ist im Dienstvertrag geregelt und zusätzlich gibt es eine interne schriftliche Vereinbarung, worin die Werte und Ziele der Schulkultur verankert sind.

Die Ferienregelungen sind so wie bei Pädagogen im öffentlichen Dienst geregelt – mit dem Vorbehalt, dass die letzten 1-2 Ferienwochen für Vorbereitungsmaßnahmen und Schulentwicklungstage herangezogen werden können. Hierfür bespricht die Schulleitung bereits im Vorfeld (vor Schulschluss) mit den Lehrpersonen Terminvorschläge, welche die Schulleitung dann bei der Festlegung berücksichtigen kann.

Der Unterrichtsalltag für Lehrer endet nicht mit der Verabschiedung der Kinder. Es folgen danach Reflexion der eigenen Arbeit sowie Nach- und Vorbereitung als Erfolgsindikatoren für qualitativen Unterricht.

Besonders in den ersten Jahren nach dem Übertritt aus einer Regelschule oder dem Studium in unsere Schule ist es sehr wichtig, dass die Lehrpersonen über die eigene Arbeit sprechen – einerseits um sich diese zu vergegenwärtigen, und andererseits, um Impulse zu erhalten oder selbst Anregungen zu geben. Die Lehrpersonen erstellen die Detailplanung (Tagesplanung) des Unterrichts für den nächsten Tag. Erst wenn die Vorbereitungen für den nächsten Tag stehen, ist der Arbeitstag für die Pädagogen beendet.

Pädagogen berichten
Motive, Wahrnehmungen und Einschätzungen von Lehrpersonen
„Das Besondere an diesem Schultyp ist, dass sowohl die Klassenstrukturen als auch die Wertvorstellungen und die Gesprächskultur anders sind als im öffentlichen Schulwesen. Außerdem steht ausreichend Platz zur Verfügung, damit sich die Schüler jederzeit bewegen und auch im Freien arbeiten und lernen können. Angenehm und beruhigend ist auch, dass die Elternarbeit bei der Direktorin liegt und wir deshalb nicht überraschend überfahren werden. Von ihr erhalten wir Anleitungen und Tipps, wie Elternarbeit und -kommunikation erfolgreich funktionieren.

Wenn wir Rat brauchen, können wir jederzeit zu ihr gehen. Wenn wir Ideen haben, aber im Moment noch keinen Umsetzungsplan, holen wir uns diesbezüglich immer gerne Impulse von ihr. Was uns besonders gut gefällt, ist, dass wir am Schulbeginn nicht ins kalte Wasser geworfen werden, denn bereits in den Sommermonaten stehen alle Strukturen für den Tagesbetrieb bis auf Kleinigkeiten, die noch nicht direkt vorher geplant werden konnten.

Zugleich haben wir vorher eine ausführliche Personaleinschulung erhalten. Ebenso gefällt uns sehr gut, dass ein berufsbegleitendes Coaching installiert ist. Frau Schmolmüller ist das Steuerungs- und Überwachungsorgan. Sie hat unser vollstes Vertrauen. Sie unterstützt uns in der Organisation, bei Unterrichtsprojekten und gibt uns für verschiedene Vorhaben und -aktivitäten Anleitungen. Zugleich haben wir am Beginn ganz genau erfahren, wie der Unterricht aufgebaut werden soll und welche Strukturen das pädagogische Konzept hat. Wir haben dazu genaue Anleitungskonzepte – Tools – erhalten, an die wir uns gehalten haben. Auch wenn es zu Beginn viele neue Informationen gab, fanden wir uns darin sehr gut zurecht und es wurde alles zur Selbstverständlichkeit. Wenn es Herausforderungen gibt, dann wissen wir, dass wir uns jederzeit Rat holen können. Die Strukturen geben uns Sicherheit in unserem Handeln und ermöglichen uns zugleich auch, uns im Unterricht als Lehrer zu entfalten. Andererseits können wir sagen, dass wir einen Arbeitsplatz haben, der uns Freiraum zur persönlichen Entfaltung gibt. Da das Schulhaus so kunstvoll und stilvoll gestaltet ist, fühlt man sich hier wirklich wohl. Das Klassenraumkonzept ermöglicht es, dass wir Lehrer unsere Materialien an Ort und Stelle haben, der Klassenraum eine Organisationsstruktur bietet, wo sich Lehrer und Schüler zurechtfinden, um Ordnung und Management in den Unterricht zu bringen. Wir haben auch genügend Platz, um unsere Vorbereitungen direkt an der Schule zu treffen. Wir haben in diesem einen Unterrichtsjahr so viel Neues und Brauchbares für den Berufsalltag gelernt, das wir in drei Jahren eines Vollzeitstudiums an der Hochschule nicht gelernt haben. Was wirklich in der Praxis gebraucht wird, fehlte uns, denn das haben wir an unserer Hochschule nicht gelernt. Wir hatten nur sehr wenige Lehrende, die uns wirklich erzählten, was der Alltag einem Lehrer abverlangt. Wir haben uns nicht damit beschäftigt, wie man einem Kind das Lesen und Rechnen lernt. Hierzu haben wir sehr viele Informationen von Frau Schmolmüller erhalten, die uns Tipps dazu gab. Das Wichtigste ist, dass wir unseren Schülern die Chance geben, dass sie an das eigene Wissensnetz anknüpfen können.

Das Unterrichtskonzept von Frau Schmolmüller ist so aufgebaut, dass sich nicht nur Schüler, sondern auch Lehrer weiterentwickeln können. Zugleich können wir die eigenen Ideen umsetzen und wenn nötig erhalten wir noch Tipps dafür, damit es dann in der Praxis wirklich funktioniert. Als Lehrer unterstützt zu werden, braucht ein engagierter Lehrer, damit er dauerhaft eine sehr gute Arbeit mit Freude machen kann. Der Lehrerberuf ist sehr fordernd. Wenn wir vergleichen oder uns anschauen, wie viel Frustration oft in so manchem Lehrerzimmer zu finden ist – so etwas gibt es bei uns nicht. Man weiß nie, was das Leben mit sich bringt, aber wir wissen, dass dieser Schultyp der Nährboden für engagierte und berufene Lehrer ist. "

Einblick in die Elternarbeit

Zeit für persönliche Gespräche

Der Schuleintritt ist für jedes Kind und auch für die Eltern ein wichtiger und prägender Lebensabschnitt, daher bildet das **persönliche Erstgespräch die Grundlage zur Schulanmeldung** und Aufnahme. Es braucht persönliche Zeit, um Eltern zu informieren.

Bereits in der Schuleingangsphase (Zeitraum der Schulanmeldung) haben die Eltern die Möglichkeit, zusätzlich zum Anmeldebogen einen Fragebogen auszufüllen. Damit bringen wir in Erfahrung, woher unsere Schüler anreisen und wie sich die berufliche Situation der Eltern gestaltet. Zugleich bietet uns das die Chance, im Vorfeld organisatorische Maßnahmen zu treffen, um Schule, Familie und Beruf zu vereinbaren. Zugleich wird für die Festsetzung der Zeiten in der Nachmittagsbetreuung ermittelt, ob Familien ein freizeitpädagogisches Angebot brauchen. Man kann natürlich nicht auf jeden dieser Wünsche eingehen, doch ich bin davon überzeugt, dass so eine Schule Schritt für Schritt das erreichen kann, was für die Eltern, die Schüler und die Schule von Nutzen ist. **Kleine Schritte der Veränderung – mit dem Ziel, eine große Wirkung zu erzielen.**

Eltern berichten

„Als wir unser Kind angemeldet haben, konnten wir vor Schul-
schluss noch das persönliche Gespräch nutzen, um Organisatori-
sches für den ersten Schultag zu besprechen. Für uns Eltern war
das sehr hilfreich und unterstützend. Wir haben alle für uns
relevanten Informationen zum Schulstart erfahren und konnten
persönliche Rückfragen stellen, was ja immer besser ist, als wenn
man eine Elterninfostunde wahrnimmt. Wir halten uns da immer
sehr zurück. Somit konnten wir beruhigt in den Sommer gehen
und die Schule war dann kein Thema mehr.“

Aus der Praxis für die Praxis

Eltern ist es wichtig, dass ihr Kind eine sehr gute Basis in der allgemeinen Pflichtschulzeit erhält. Sie tun ihr Bestes und wollen das
Beste für ihre Kinder – und das muss auch einer Schule bewusst
sein. Damit eine funktionierende Schulpartnerschaft und Zusammenarbeit zum Wohle der Kinder möglich ist, braucht es offene
und ehrliche Kommunikation sowie regelmäßigen Informationsaustausch – und das bildet bei uns die Basis der Elternarbeit. Es
herrscht eine Transparenz in der Zusammenarbeit, um die Werte
und das Leitbild der Schule mitzutragen. Schule und Eltern müssen eine gute Kommunikationsbasis haben und Offenheit leben,
um zum Wohle der Kinder zu handeln.
Die Aktivitäten der Elternarbeit dienen einerseits dazu, regelmäßigen Informationsaustausch in der Gruppe zu pflegen, aber auch,
das Gruppenbewusstsein zu stärken (Werte im Wir-Gefühl). Es
eröffnet auch die Möglichkeit, Eltern über pädagogische Aktivitäten wie Projekte, Veranstaltungen, und Schulentwicklungsmaßnahmen persönlich zu informieren. In dieser Form schaffen wir
Nachvollziehbarkeit und Klarheit, denn es können Unklarheiten
und Rückfragen direkt geklärt und beantwortet werden.

Eine gute Zusammenarbeit mit den Erziehungsberechtigten
bedeutet aber nicht, dass diese in den pädagogischen Aktivitä-

ten oder in der Schulführung und -organisation mitentscheiden. Von Anbeginn wird ganz klar abgesprochen, was die Aufgabe der Schule – der Lehrpersonen und Schulleitung – ist und welche Aufgabe die Eltern zu erfüllen haben, damit wir gemeinsam auf einem sehr guten Weg sind. Den Eltern sind das Konzept, die Werte der Schulkultur und der Hausordnung sowie das pädagogische Leitbild und die pädagogische Arbeit bekannt. Sie tragen diese Standpunkte der Schule mit und unterstützen, soweit es ihren Aufgaben entspricht. Diese Klarheit ist die Basis für eine gute Zusammenarbeit zwischen Schule und Eltern.

Das ist auch ein großer Unterschied zu vielen herkömmlichen Alternativschulen, viele davon sind von Elterninitiativen gegründet und getragen. Wie aus Berichten und aus der Praxis bekannt, kann es da zu vielen Problemen kommen, da viele unterschiedliche Interessen unter einen Hut zu bringen sind, die dann in die Schule einfließen und für die Schulqualität nicht förderlich sind.

Eltern berichten

„In der MeineSchule1 wird individuell und ganzheitlich unterrichtet, es gibt wertschätzende Vereinbarungen, die in der Schulkultur von allen vorgelebt werden, Maßnahmen, die Sinn im Leben machen und Kinder auch verstehen. Dass man nur lernt, wenn Ruhe herrscht, weil man sich besser konzentrieren kann; dass Ordnung herrschen soll in den Heften, dass man für die Unterlagen auch selbst verantwortlich ist, dass nicht die Mama jeden Tag nachschauen muss – darauf ist unser Sohn auch selbst stolz und er ist seither viel selbstständiger geworden.“

Wir sind eine Schulfamilie.
Persönliches Erst- und Aufnahmegespräch

Im Erst- und Aufnahmegespräch erhalten Eltern einen genauen Einblick in das Schulkonzept. Das heißt, sie erfahren alle relevanten organisatorischen und pädagogischen Maßnahmen. Die

Eltern haben dann das Leitbild, die Philosophie der Schule im Sinne ihres Kindes mitzutragen. Diese Vereinbarungen werden dann auch schriftlich festgehalten. Neben dem Schulaufnahmevertrag gibt es dann noch ein Einverständniserklärungsblatt, auf dem Informationen über schulische Aktivitäten vermerkt sind und im Vorfeld auch schriftlich festgehalten wird, dass die Eltern die Informationen erhalten haben und mittragen.

Das Beste für das Kind

Wir haben somit dieses gemeinsame Ziel: Wir wollen das Beste für die Kinder – das Beste ist für jedes Kind unterschiedlich – und nur, wenn wir alle die gemeinsamen Werte im Wir-Gefühl leben, auf das Wohl der Kinder ausrichten und das Kind auf seinem Weg begleiten, erzielen wir ein optimales Ergebnis.

Ich kann mich noch gut erinnern; als wir uns dem Schulschluss genähert haben und es nur noch ein paar Tage bis zu den Ferien waren. Auf einmal kam ein Schüler zu mir und sagte: „Warum hat die Schule jetzt so lange zugesperrt? Wir brauchen keine neun Wochen Ferien. Frau Direktor, kannst du bitte die Schule wieder früher aufsperren?" (Schüler, 7 Jahre alt)

Solche Rückmeldungen kamen, gerade als die Ferienzeiten bevorstanden, öfters aus Kindermündern und waren schöne Geschenke, die mir immer wieder Kraft gaben und bestätigten, dass wir auf dem richtigen Kurs waren.

Pädagogische Gespräche

Eltern nutzen das persönliche Gespräche sehr gern und holen sich auch oft Rat, um Tipps für eine ganzheitliche Begleitung ihres Kindes für zu Hause zu bekommen. Wenn es um pädagogische Angelegenheiten geht, wird immer der Dialog herangezogen, um die Vertrautheit zu bewahren. Dass Lernen funktionieren kann, hängt nicht nur von den Lerntechniken ab, sondern vom ganzen Umfeld – und da muss man die Eltern abholen und mit ins Gefüge nehmen. Die Schulleitung ist das Kommunikations- und Bindeglied zwischen Lehrer, Schüler und Eltern. Gibt es Unklarheiten, ist die Schulleitung bei uns an der Schule die erste Ansprechperson und nimmt sich die Zeit, um sich das Anliegen vorab anzuhören. Sollte es wichtig sein, dass der Pädagoge oder das Kind integriert wird, gibt es einen Termin, an dem das Anliegen gemeinsam besprochen und eine passende Lösung gefunden wird.

Die Erfahrung zeigte, dass es sehr wichtig ist, den Eltern persönlichen Raum für Gespräche zu geben. Ich durfte oft miterleben, dass gerade an Elternabenden nur zwei Eltern Fragen stellten, die anderen aber nicht den Mut hatten und daher vieles offen blieb. Daher bildet die Grundlage für die Elternarbeit und Schulanmeldung das persönliche Gespräch. Hier legen wir den Grundstein für die weitere Zusammenarbeit zwischen Elternschaft und Schulgemeinschaft. Ein Tag der offenen Tür oder ein Elternabend dient ausschließlich dazu, allgemeine Informationen bekanntzugeben.

Die Möglichkeit zu einem kurzen Gespräch, also um dem Pädagogen oder der Schulleitung eine Information weiterzugeben, besteht auch, wenn die Kinder in die Schule gebracht oder abgeholt werden. Hier stehen die Lehrer und auch der Schulleiter zur Verfügung, um aktuelle Informationen auszutauschen. Die Eltern werden ermutigt, Fragen zu stellen, damit es nicht zu Verzerrungen oder Mutmaßungen kommt. Sie können jederzeit zu den Telefonzeiten Kontakt aufnehmen, sodass auftretende Unklarheiten oder Herausforderungen sofort besprochen werden. Viele Eltern nutzen diese Möglichkeit auch. Über geplante Aktivitäten der Schule werden sie schriftlich und auch mündlich an pädagogischen Nachmittagen informiert und wissen somit über das Schulgeschehen Bescheid, auch wenn die Kinder zu Hause wenig erzählen, was ja ein Indiz dafür ist, dass sie sich in der Schule wohlfühlen, denn wenn ein Kind zufrieden ist, hat es nicht immer den Drang, zu erzählen. Eltern berichteten immer: Wenn sie ihr Kind fragten, wie war der Tag in der Schule, kam meist die kurze Antwort: *„Schön!"*

Es ist wichtig, dass die Eltern auch der Schule Bescheid geben, wenn es im familiären Umfeld Veränderungen oder Sorgen gibt. Es ist ganz natürlich, dass sich Kinder in schwierigen Zeiten nicht auf den Unterricht konzentrieren können, weil ihre Gedanken mit etwas anderem beschäftigt sind. Darauf kann der Lehrer dann Rücksicht nehmen.

Manchmal muss man den Eltern auch den dringenden Rat geben, Hilfe in Anspruch zu nehmen – vor allem dann, wenn der Klassenverband unter den Verhaltensänderungen eines Kindes leidet. Das ist auch die Pflicht, um die Aufgabe der Schule (§ 2) zu erfüllen, und dient zum Schutz des einzelnen Kindes, aber auch des Klassenverbands und sichert das Recht auf Frieden in der Lerngruppe. Darum muss man alles daransetzen, dass man die Eltern mit ins Boot holt. Gerade Kinder aus einem sehr unstabilen Umfeld brauchen und haben in der Schule einen Ort, wo sie aufatmen und sich entfalten können. Die Gespräche mit den Eltern sollten so geführt werden, dass sie selbst auf die Lösung kommen, sie dürfen nicht „bepredigt" werden. Dann hat man in der Elternarbeit sehr viel erreicht. Wenn man Erziehungsberechtigte belehrt, landet man immer auf dem Holzweg, denn das erzeugt nur Druck und ein schlechtes Gewissen – und das bringt niemanden weiter.

Am Schulanfang gibt es einen pädagogischen Nachmittag, an dem wir uns auch mit erzieherischen Fragen oder der Freizeitgestaltung der Kinder beschäftigen. Die Schulstartfeier, das Weihnachtsfest und die Schulschlussfeier sind Festlichkeiten im Schuljahreskreis, wo die Eltern und Großeltern unsere Gäste sind. Hierzu gibt es

immer ein unterhaltsames Programm, wo dann die Schüler die
Möglichkeit haben, ihren Eltern zu präsentieren, was sie schon
gelernt haben.

Eltern schreiben

„Liebe Frau Direktor,

*ich möchte mich bei Ihnen von Herzen für den Mut, die Kraft und
auch die Ausdauer bedanken, dass Sie mithilfe der Menschen, die
Sie vor allem mental bestärkten wie auch als Helfer unterstützten,
diese wunderbare Schule gegründet haben. Niemand kann ermessen,
welches ‚Wunder‘ Sie geschaffen und aufgebaut haben. Zu dieser
Entscheidung bedarf es großer HINGABE wie auch ERFAHRUNG
– und das durfte ich in Ihrer Schule beim ‚Hineinschnuppern‘, im
Erstgespräch und Schulstartgespräch erfahren und erleben – wie auch
jetzt die Schulzeit, seitdem unser Kind diese Schule besucht.*

*Ich habe mir im Laufe der letzten Jahre viele dieser wunderbaren
neuen Schulen angesehen, konnte meinen beiden großen Kids dies
aber leider nicht ermöglichen, weil keiner mir das vermittelte, was
die ‚MeineSchule1‘ transportiert. Diese Schule repräsentiert einen
‚neuen Lebensweg‘ und ist ein Baustein für die ‚Freude am Lernen‘
zur Entfaltung des Wissens und zur Festigung der Persönlichkeit.
Auch wird die soziale Kompetenz meines, unseres Kindes gefördert
und gestärkt. Mein Kind kann einfach das sein, was einen Menschen
ausmacht. Ich freue mich sehr darüber, welches geniale Konzept für
eine neue Generation von Schule Sie ins Leben gerufen und realisiert
haben. Das ist nicht nur eine Bereicherung für das Schulkind, sondern
auch ein Geschenk für jene Personen, die es in diesem Zeitraum der
Schulausbildung begleiten. Jedoch vermag wohl niemand zu erahnen,
was es bedeutet, etwas Derartiges zu schaffen und in dieser Pionierzeit
durchzuhalten. Hut ab!*

*Ihre Schule vermittelt das, was ein Kind braucht, um eine gesunde
und vertrauensvolle Freude am Lernen und Selbstgestalten zu entwickeln. Leider ist dies in anderen Schulsystemen – anderen Schulen*

– nicht so. Ich hoffe und wünsche Ihnen, dass viele Eltern diese Schule entdecken, davon erfahren und die Kinder, statt sie mit Geschenken zu überhäufen, in die MeineSchule1 geben und dieses Präsent als die beste Investition in deren Zukunft sehen. Und das macht sich auch außerhalb des Familienverbandes bemerkbar, denn das, was ein Kind auf dem Lebensweg bestärkt, sind: Liebe, Nähe, Geborgenheit, Achtsamkeit, Respekt, Wertschätzung, Stabilität, Klarheit, Konsequenzen, Grenzen erfahren."

Warum diese Schule?

„Sie ist genial, einzigartig, fördernd und nährend, belebend und stärkend. Dem Kind wird das Wesentliche vermittelt, was es braucht und befähigt, um ins Leben hinauszugehen. Gestärkt, voller Selbstbewusstsein, Vertrauen, mit all dem Wissen, Können, allen Talenten und Fähigkeiten! In Ihrer Schule darf das Kind Kind sein, wie es ist, so wird es angenommen, mit seinen Stärken und Schwächen. Alles hat seinen Platz und seine Berechtigung. In der MeineSchule1 sind die Mittelpunkte das Kind und die Freude am Lernen, und das ergibt das Gesamte – eine Einheit. Nicht nur das Kind darf daraus schöpfen, sondern auch die Eltern erfahren, wie schön und leicht das Lernen in der Schule sein kann. Dies lässt uns die Kompetenz der Freiheit und Leichtigkeit erleben – so soll Schule sein!!! Ein Ort der Freude und des Glücks, aus dem die Kinder gestärkt ins Leben gehen und erfolgreiche, empathische Erwachsene mit Persönlichkeit werden. Wenn sie in die Welt des Arbeitsmarktes – in die Wirtschaft – entlassen werden, schreiten sie gestärkt und vertrauensvoll voran. Dies ermöglicht die MeineSchule1 durch die Begleitung der Pädagogen und der Gründerin. MeineSchule1 ist sowohl ein Ort des Wissens, des Lernens, der Weisheit wie des Einfühlungsvermögens und der Menschlichkeit.

Damit Vertrauen und ein gutes Wachstum wie eine gesunde Entwicklung stattfinden können, sollten diese Werte auch in der Familie sowie in anderen Einrichtungen, wie Kindergärten und Schulen, hochgehalten werden. Leider ist das nicht immer der Fall. Doch eines ist gewiss: In Ihrer Schule wird dies ermöglicht und auch umgesetzt. Somit möchte ich mich auf diesem Wege nochmals von Herzen für all Ihr EINFLIESSEN – ERMÖGLICHEN – ERSCHAFFEN bedanken. Ein Baum hat Wurzeln, die ihn festigen, er darf so wachsen, wie er wird – und trotz dieses Konzepts der Natur greift der Mensch mit seinem Verstand ein und bestimmt, wie der Baum zu wachsen hat. Dadurch wird diesem Baum das Wesentliche genommen! Wie die Natur ist auch Ihre Schule, die den Kindern und ihren Begleitern die Wurzeln (die Basis) vermittelt wie auch das Essenzielle lehrt, was noch niemand zuvor in einer Schule in dieser Art und Weise getan hat.

In Ihrer Schule können sich die Menschen entfalten, ihre Persönlichkeiten werden gefestigt, es wird ihnen die Basis vermittelt sowie ein Weg des Erwachsen-Werdens und des Lernens auf wunderbare und wertschätzende Weise ermöglicht. Es gibt noch viele Gründe, warum wir uns für Ihre Schule entschieden haben. Doch das kann ich in wenigen Worten nicht einfach sagen, daher abschließend nur danke für so viel Genialität!" (Brief einer Mutter)

Impulse für die Freizeit

Aufgabe der Familie sollte es auch sein, auf sinnvolle Freizeitbeschäftigung und ausgewogene Ernährung zu achten. Wir geben den Kindern Impulse, fortgesetzt müssen sie aber in der Familie werden. Solche Impulse sind: Wir machen gesunde Lebensmittel zum Lerninhalt, kochen gemeinsam oder es werden Aktivitäten in den Bereichen Gesundheitstraining und Ernährungslehre veranstaltet. Aber das alles kann nur ein Anstoß sein – wenn es zu Hause nicht umgesetzt und weitergeführt wird, hat es keine Nachhaltigkeit.

Für Kinder muss die Familie auch ein Rückzugsort sein. Gerade in großen Schulen sind sie immer in einem riesigen Gefüge, zu Hause sollen sie sich zurückziehen und auch selbstständig beschäftigen können. Im Spiel können sie das. Jedes Kind sollte die Möglichkeit haben, sich über das Spielen, die Fantasie und Kreativität zu entfalten. Erwachsene brauchen nicht immer Anregungen zu geben. Das Wichtige ist die Präsenz – und manchmal Teil des Spiels der Kinder zu werden.

Die Kinder zeigen uns den Weg.

Das heißt nicht, dass wir uns nach den Kindern richten sollen, aber ein Kind zeigt, ob es sich wohlfühlt. Und wenn das nicht mehr der Fall ist, muss man dem auf den Grund gehen. Kinder denken, fühlen und handeln anders als wir Erwachsene, sie sind sehr feinfühlige und sensitive Wesen. Kinder spüren, was wir oft kaum mehr bemerken. Sie haben eine ganz andere Wahrnehmung als Erwachsene. Wenn ein Kind äußert, dass eine Situation problematisch ist oder es ihm nicht gutgeht, dann müssen wir das auch in der Schule ernst nehmen und die Eltern darauf hinweisen. Oft betrifft das die familiären Beziehungen oder die Freizeitaktivitäten der Kinder. Im Spiel, in den Geschichten oder Gesprächen sind oft nur mehr Inhalte aus dem Fernsehen oder Computerspielen präsent. Das ist ein Indikator dafür, dass diese Aktivitäten zu Hause eindeutig zu viel Raum einnehmen. Kinder werden dadurch oft richtiggehend realitätsfremd, für manche wird alles zum Kampfmittel – egal, was sie angreifen. Es handelt sich hier oft um Kinder, die lernen wollen, aber nicht können, weil ihre Sinneskanäle mit anderen Sachen überflutet sind – da haben dann fachliche Inhalte kaum mehr Platz.

Herzensbildung: „sein Herz ausschütten"

Kinder haben bei uns die Möglichkeit, ihr Herz auszuschütten. Wir kennen es alle: Wenn uns etwas belastet und wir Sorgen haben, sind wir, langfristig gesehen, nicht wirklich fähig, etwas zu erlernen oder unsere Ziele zu erreichen. Das kommt auch sehr oft bei Kinderseelen vor. Sie fühlen sich unverstanden, es liegt ihnen etwas auf dem Herzen, sie wollen reden, weil sie wirklich etwas belastet, und das muss Platz haben. Wir gehen zwar nicht im Klassengefüge darauf ein, aber wenn es wirklich hemmend ist, reagieren wir. Somit besteht bei uns in dringenden und akuten Situationen die Möglichkeit, dass sich Kinder im Vertrauen ihre Herzen frei reden, also den Kopf und das Herz frei bekommen, denn es soll nicht so sein, dass eine Sorge eines Schülers zum Klassenthema wird.

Beispiel aus dem Schulalltag – Kinderherzen sprechen lassen
Es war ein Tag für eine Schülerin sehr herausfordernd, sie konnte sich nicht auf ein Thema einlassen, war sehr unruhig und traurig. Den Grund für ihr Unwohlsein wollte sie in der Klasse nicht ansprechen, somit hatte die Schülerin zur gegebenen Zeit die Gelegenheit, die Sprechstunde zu nutzen. Um das in den Schulalltag integrieren zu können, habe ich die Rolle der Begleitpädagogin und Herzensausschütterin übernommen, damit die klassenführende Pädagogin mit den übrigen Kindern ohne Störung weiterarbeiten konnte. Dem Kind wurde die Möglichkeit gegeben, sich von seinen Sorgen frei zu reden, und zugleich stand eine Werkzeugkiste für die Kinderseele zur Verfügung, um die schlechten Gedanken loszuwerden. Hierzu gab es die Fantasiereise, Entspannungsübungen, ins Freie gehen und dabei sprechen oder Rituale, die unterstützend waren, um Gedankenmuster aufzulösen.

Situation: Das Unwohlsein der Schülerin lag darin begründet, dass ihre Katze krank war und sie Sorge hatte, dass die Katze nicht mehr gesund wurde. Nach diesem Gespräch war diese Angst wieder weg und das Lernen funktionierte. Diese Möglichkeit führte ich ein, da ich im Schulalltag immer wieder die Erfahrung gemacht hatte, dass in gewissen Situationen, die für Schüler sehr wichtig sind, ein bestärkendes Wort oft sehr heilsam war. Damit kehrte die Zufriedenheit beim einzelnen Schüler wieder ein und es herrschte mehr Frieden im Klassenklima. So etwas kann häufig Berge bei Kindern, Lehrern und Eltern versetzen. Und diese Form der Kommunikation ist ein wichtiger Bestandteil des Konzepts und lebt in der Schule.

Eltern berichten

„Das Arbeiten mit Herzensbotschaften, wie Frau Schmolmüller das nennt, finde ich einfach toll und auch, wie mit den Kindern gearbeitet wird, dass ihnen der eigene Lernfortschritt sichtbar gemacht wird."

Leandro Gabriel, 6 Jahre

Kapitel IV:
Aus der Praxis für die Praxis
Eindrücke und Einblicke

In diesem Kapitel erhalten Sie einen Einblick in die Projektarbeit und in lebensnahe Workshops „Aktivitäten, die mehr als nur Begeisterung bei Schülern und Lehrern auslösten. Zielführende Projektarbeit, praktische Übungen und sonstige lebensnahe Projekte sind Chancen auf Wissensbereicherung, nicht nur an der Schule, sondern auch außerhalb zu lernen – ein Mehrwert, der enorm ist.

Wichtig jedoch ist, dass die Tätigkeiten sehr gut vorbereitet und geplant sind und die Pädagogen mit den Kindern aktive Vor- und Nacharbeit leisten. So sollten die erlebten Inhalte tatsächlich übergreifend in die Unterrichtsarbeit einfließen, bearbeitet, analysiert und reflektiert werden. Damit die Pädagogen in der Organisation entlastet werden, habe ich die Projektorganisation übernommen und für sie ein zielführendes Konzeptpapier für Unterrichtsprojekte erstellt, das es ihnen ermöglicht, eine sinnvolle Vor- und Nachbereitung zu machen.

Projektarbeit & Generationenlernen
Leitprinzip: Lernen mit Experten und aus Meisterhand
Je nach Schwerpunkt und Bildungsziel regelmäßig Workshops, Unterrichtsprojekte und kooperative Schulveranstaltungen mit Fachakteuren, Experten und Schulpartnern einzubinden, ermöglicht lebensnahes Lernen zu erzielen und auch bereits gelernte Inhalte sichtbar zu machen. „Lernen mit Experten und Lernen aus Meisterhand unter dem Motto Generationenlernen" – eine Bereicherung für Pädagogen und Kinder.

Das Konzept umfasst Anleitungen, um Projektarbeit zielgerichtet durchzuführen und dabei administrative Angelegenheiten zu reduzieren. Projektleiter/Pädagogen haben die Möglichkeit, auf einen praxisbezogenen Projektleitfaden zurückzugreifen und ihre

Ideen zum Vorhaben zu realisieren. Unser Prinzip: Learning by doing und Persönlichkeitsentfaltung.

Die Schüler sollen die Fähigkeit erlernen und dazu angeleitet werden, sich selbstständig Wissen und Information zu beschaffen. Wir leiten bereits in der Grundschule unsere Schüler an, dass die Grundkompetenzen sowie die lebenswichtigen Schlüsselqualifikationen für lebenslanges Lernen primär trainiert werden.

Die Lerninhalte orientieren sich an den Interessen und Begabungen der Schüler, die in Zusammenhang mit dem lebenslangen Lernen zu setzen sind. Der Schwerpunkt liegt auf projektorientiertem Unterricht. Hauptinhalte sind: Herzensbildung, Persönlichkeitsentfaltung, Selbstorganisation, soziales Lernen, Kunst und Kultur, Kreativität, Gesundheitsbildung (Ernährungslehre, Bewegungstraining und mentales Training), Einblicke in die Tier- und Pflanzenwelt, Präsentationstechniken, Sprache und Kommunikationstraining, Technik und Forschung, Theaterpädagogik und Rollenspiele, Lerntechniken und Strategien, um Wissensinhalte zu analysieren sowie zu lernen, wie Lösungsansätze in diversen Lebenssituationen kreiert werden können. Ein sehr wichtiger Bereich ist auch die Anatomie, die Hirnforschung, weil wir wissen müssen, was unser Gehirn braucht, damit es langfristig Leistung erbringen kann. Deshalb beschäftigen wir uns sehr mit dem Thema Gesundheit, mit Ernährung, Bewegung und Entspannung und auch mit den Erkenntnissen der Gehirnforschung. Hier erfahren die Kinder, wie Lernen im Gehirn funktioniert und was dafür notwendig ist (richtige Ernährung, Körperhaltung, Wiederholung von Inhalten). Diese Inhalte werden, dem Alter entsprechend, aufbereitet und in lebensnahen Projekten und Veranstaltungen vermittelt.

Großeltern berichten

„Ich möchte Ihnen dazu ein Beispiel von meinem Enkel erzählen, als ich ihn von der Schule abholte und wir zu Hause waren. Er

erzählte mir: Heute machten wir mit der Frau Direktor Hirnfor-
schung für Kinder. Wir erfuhren, wie unser Gehirn funktioniert,
und auch, warum jeder von uns anders lernt und Menschen Dinge
unterschiedlich sehen. Wir machten dazu viele Übungen, um selbst
zu erfahren, wie unsere Wahrnehmung ist und wie unterschiedlich
wir Menschen sind. Komm, Opa, das mache ich jetzt mit dir!
Das sagte mein Enkel, er ist acht Jahre. Für mich als Großvater
ist das ein sehr bedeutendes und auch aussagekräftiges Zeichen
für die Qualität einer Schule, spricht also für sie, wenn Kinder
von sich aus zu Hause erzählen und auch ausprobieren, was sie
in der Schule gelernt haben. Es ist ein Signal, dass meinem Enkel
das Lernen wirklich Freude und Spaß bereitet. Und auch ich als
Opa habe die Möglichkeit, noch vieles dazuzulernen. Was mein
Enkel in der Schule lernt, wirft manchmal auch für mich einen
Lernprofit ab."

Projektarbeit in Form von Generationenlernen sowie kooperatives
Lernen und Lehren repräsentieren die Chancen und Schnittstel-
len, um professionelle und lebensbegleitende Lerngemeinschaften
zwischen den Altersgruppen zu gestalten, und ist ein fundamentales und lebenswichtiges, aus der Bildungsgeschichte altbewährtes
Prinzip des neuen Schulkonzepts. Es macht Wachstum, Weiterentwicklung und Fortschritte sichtbar und hat einen Mehrwert
für neue, zeitgemäße Lerngemeinschaften und Bildungskonzepte:
Wissen, Können, Talente und Erfahrungen können so kreativ und
ganzheitlich genutzt und begeistert gelebt werden.

Beispiel(e) für Generationenlernen
Kinder beschäftigen sich mit Inhalten, die noch gar nicht im
Lehrplan vorgesehen sind. Kinder beschäftigen sich zu Hause
mit vielen Dingen, sie haben Bücher, Wissensfilme. Ein Kind ist
besonders auf naturbezogene Themen und auch technisch sehr
wissbegierig. Letztes Jahr hatten wir das Projekt „Waldexpedition"
und daraus ergab sich zum Beispiel die Frage „Wie kann aus so

einem Baum ein Tisch werden?". Oder die Schüler wollten wissen, wie es funktionierte, dass wir elektrisches Licht haben.

Projekt „Holz-Metall-Kunststoff"

Schüler stellten immer wieder die Frage: Was ist der Unterschied zwischen Metall, Holz und Kunststoff? Somit ging ich diesem Anliegen nach und kreierte mit einer Lehrerin die Idee zu einem Vorhaben. Meine Aufgabe war, alle vorbereitenden Projektmaßnahmen zu treffen, um die Lehrerin in der Vorbereitung zu entlasten. Außerdem lernt man in der Grundausbildung nicht wirklich, wie Geplantes organisiert wird. Somit war das zugleich auch die Möglichkeit, in der Praxis eine berufsbegleitende Fortbildungsmaßnahme (Coaching) für die Lehrerin anzubieten – Projektarbeit im Schulalltag war das Thema. Ich erstellte einen Leitfaden, der vorsah, dass wir das Thema in allen Gegenständen übergreifend bearbeiteten. Dazu formulierte ich auch die Lernziele und besprach gemeinsam mit der Pädagogin den Mehrwert für die Schüler. Die Einbindung schulexterner Experten verlieh unserem Vorhaben schließlich einen professionellen Rahmen.

Die Projektvorbereitung beinhaltete: den Auftrag, die Meilensteine, die Verantwortlichkeiten, die Ressourcen, den Zeitplan, die Räumlichkeiten und die Inhalte für übergreifende Aktivitäten in Mathematik, Deutsch und Englisch. Hierzu gab es dann ein pädagogisches Meeting, um das Vorhaben im Detail zu besprechen. Die Gespräche mit den Experten führte ich parallel dazu und fragte an, ob sie sich vorstellen konnten, mit uns gemeinsam zu arbeiten, um den Kindern einen lebensnahen Zugang zu verschaffen. Es gibt grundsätzlich nichts Wertvolleres, als wenn man Fachleute hat, die über das nötige Wissen und auch das Interesse verfügen, um die Inhalte für die Kinder aufzubereiten.

Verantwortlichkeiten: Meine Aufgaben waren die Projektvorbereitung, die Organisation, die Projektevaluierung und die Unterstützung der Lehrer bei der Erstellung der Lernunterlagen für Deutsch und Mathematik. Das heißt, es wurden Rechengeschichten verfasst und methodische Inputs für das offene Lernen erstellt.

- Die Aufgabe der Pädagogin war, diese Inhalte übergreifend in Mathematik, Deutsch, Kreatives Gestalten und Sachkunde einzubinden.
- In Deutsch wurden zum Projektthema Texte gelesen, analysiert und geschrieben. In Mathematik wurden Sachaufgaben gelöst.
- In Sachunterricht wurde der Naturkreislauf mit dem Projektthema in Verbindung gebracht. In Musik haben wir ein entsprechendes Lied einstudiert, das mit dem Gelernten in Verbindung stand.

Der Experte, der mit den Kindern im fächerübergreifenden Modul arbeitete, kam ein Mal pro Woche für circa zwei Stunden. Die Lehrerin war für die pädagogische Leitung verantwortlich und der Fachmann brachte das Fachwissen ein. Einleitend erlebten die Schüler, dem Alter entsprechend, einen Impulsvortrag, in dem die Grundlagen vermittelt wurden. Danach wurde praktisch gearbeitet und zu jedem Thema (Holz, Metall und Kunststoff) ein Werkstück erstellt.

Das Projekt umfasste einen Zeitraum von acht Schulwochen und der Vergleich von Holz und Metall bzw. Kunststoff wurde portionsweise erarbeitet. Die Schüler waren mit einer so großen Begeisterung dabei, dass sich das in Worten sehr schwer beschreiben lässt. Sie berichteten zu Hause und ihre Euphorie zeigte sich am Tag des Projektes, das von aktivem TUN gekennzeichnet war. Nach der Auseinandersetzung mit den drei Grundstoffen ging es auch um deren Auswirkungen auf den Naturkreislauf. Zugleich wurde eine Exkursion in eine Tischlerei organisiert und danach wurden gemeinsam ein Medienbericht und eine Fotocollage gestaltet.

Der Projektabschluss geschah dann im Rahmen der Schulschluss-feier, wo die Schüler den Eltern und Gästen in Form von Rollen-spielen ihr Projekt präsentierten. Die Besucher waren fasziniert, als sie miterleben durften, was die Kinder dabei gelernt hatten und wie sie die Inhalte am Tag der Projektpräsentation darstellten.

Am Ende erhielt jeder Schüler einen eigenen Koffer, worin die Werkzeuge und Materialien dieses Projekts gesammelt waren, und eine Urkunde über seinen erfolgreichen Abschluss.

Großeltern berichten

„Ich kann nur sagen, ich bin von diesem Schulkonzept sehr über-zeugt und meiner Meinung nach sollten alle Kinder die Chance erhalten, diese Art von Werte- und Wissensvermittlung erfahren zu dürfen. Es lebt wirklich eine Schulfamilie in dieser Schule – eine harmonische Einheit aus Kindern, Pädagogen und Schulleitung. Die Direktorin ist das Herz der Schule und nimmt sich aller Probleme an – sowohl hinsichtlich der schulischen Beteiligten als auch der Eltern und Großeltern. Ich wünsche jedem Großvater, dass er auch die Möglichkeit erhält, mit dem eigenen Enkelkind mitzulernen, wie schön Schule tatsächlich sein kann. Und auch, wie toll es ist, mit dem Enkelkind mitwachsen zu dürfen, denn nicht nur die Kleinen lernen von den Großen, sondern es passiert auch umgekehrt."

Fächerübergreifende Aktivität „the town & Achtung im Stra-ßen-, Bahn- und Zugsverkehr"

Ein ähnlicher Workshop war das Projekt „the town", bei dem wir mit einem pensionierten Experten (Generationenlernen) einen ganzen Tag in der Stadt und am Bahnhof verbracht haben. Zusätzlich hatte die Pädagogin in Englisch mit den Schülern das Thema „the town" erarbeitet und übergreifend Verkehrserziehung in Deutsch und Mathematik eingebunden. Die Kinder erfuhren, was in öffentlichen Verkehrsmitteln wichtig ist, Sicherheitsmaßnahmen am Bahnhof oder bei einer Bushaltestelle, wie man eine Zugtafel liest oder ein Ticket löst. So konnten sie viel von ihrer Scheu davor verlieren. Bei solchen Projekten wird fächerübergreifend gearbeitet, die Kinder lernen aus Meisterhand fürs Leben – das ist greifbar, erfahrbar, erlebbar. Und alles, was ich wirklich erlebe, kann ich auch verinnerlichen. Solche Veranstaltungen bringen einen enormen Mehrwert und Kinder, Lehrer sowie auch Eltern werden diese Ereignisse nie vergessen. Wir lernen so richtig, wenn es wirklich unter die Haut geht – Wissenserwerb kann nur funktionieren, wenn das positive Gefühl und die Emotion mitkommen.

Projekte und Workshops werden organisatorisch von der Schulleitung in der Funktion als Schulmanager vor- und nachbereitet. Das betrifft die finanzielle und terminliche Organisation, die Einbeziehung von schulexternen Experten, die Information der Eltern und die schriftliche Dokumentation. Den Lehrern bleibt nur die inhaltliche und pädagogische Arbeit.

Berichte als Impuls zur Projektarbeit
Projektarbeit – 1., 2. und 3. Schulstufe

Projektorientiertes Arbeiten ermöglicht einerseits, bereits gelernte Inhalte zu festigen, aber auch zu vertiefen, und eröffnet die Chance, persönlichkeitsbildende Schwerpunkte zu erwerben. Fächerübergreifende Aktivitäten, Workshops oder Unterrichtsprojekte dienen dazu, lebensbegleitende und auch lebenswichtige Fähigkeiten, wie Organisationsfähigkeit, Entscheidungsfähigkeit, Teamfähigkeit, anhand von lebensnahen Beispielen HAUTNAH zu ERFAHREN, BE-GREIFEN, ER-LEBEN und TUN.

Thema: Schulstartfeier – juhu, mein erster Schultag!

„Der erste Schultag soll ein unvergesslicher Tag sein, an den man sich gerne bis ins hohe Alter erinnert, denn daran denkt man später noch zurück." Somit war es die Aufgabe und das Ziel des Pädagogenteams und der Schulgründerin, in Absprache mit den Eltern einen unvergesslichen ersten Schultag zu gestalten. Dieser begann mit einem feierlichen Schulstart unter dem Motto: „Hurra, mein erster Schultag!" Es wurden inspirierende Texte präsentiert und gemeinsam gesungen. Die Klassenpädagogin eröffnete den Unterricht mit gruppendynamischen Spielen zum Kennenlernen. Auch die Eltern durften kurz die Schulbank besuchen und erhielten von der Schulleitung allgemeine Informationen zur Schulorganisation und Nachmittagsbetreuung. Nach den vielen Bekanntgaben wurde gemeinsam eine vitale „Schulstartjause" genossen. Zum Abschluss wurden Fotos mit der Schultüte gemacht.

Thema: Unterrichtsprojekt „W... wie Wasser"
So lautete das Motto des Unterrichtsprojekts in der 1. Klasse. Fächerübergreifend wurde das Thema „W... wie Wasser" in Rechnen, Lesen, Schreiben, Kreativem Gestalten und Sachkunde bearbeitet – TUN, ERLEBEN, ERFAHREN & ANWENDEN STANDEN IM VORDERGRUND – LERNEN MIT ALLEN SINNEN.

Am Ende der Projektwoche besuchten die Schüler einen Vortrag, worin ein Experte den Kindern den gesundheitlichen Stellenwert von Wasser vermittelte. Im Vorfeld wurde ein Fragenkatalog erarbeitet, sodass die Schüler am Ende der Darbietung bereits eine Diskussion eröffneten. „Das macht Spaß", sagte Jakob und er meinte zugleich: „Wann kommt der nächste Experte zu uns an die Schule?"

Ein Schwerpunkt in Kreativem und Bildnerischem Gestalten war der Workshop zum Thema „Fantastischer Realismus" unter dem Motto „Wasser und Umwelt". So lernten die Schüler von einer Künstlerin das Skizzieren, das Mischen von Farben und verschiedene Techniken, um zu diesem Thema ein kreatives Bild zu gestalten. Dieses Unterrichtsprojekt endete dann im Herbst mit einer Vernissage und mit Benefizveranstaltungen! *„Ich war ganz begeistert und wusste gar nicht, dass meine Tochter ein künstlerisches Talent im Malen hat."* (Rückmeldung einer Mama) / *„Mit Kindern zu arbeiten, ist eine Bereicherung! Malen öffnet Kinderherzen und Kinder nehmen ihre Intuitionen wahr – das ist für uns Erwachsene oft schwierig."* (Rückmeldung der Kunstexpertin, die mit den Kindern malte)

Thema: „D ... wie Dinosaurier" & unser Motto in Lesen, Schreiben und Sachunterricht
Wer liebt sie nicht – Dinos?

Wir besuchen mit unseren Schülern Europas spektakulärste Dinosaurierwelt. Die Ausstellung war das erste Mal in Wien zu besuchen. Gemeinsam haben wir in Deutsch, Sachunterricht und Persönlichkeitsentfaltung unsere Schüler auf das Thema vorbereitet und als Highlight zu Semesterende die Exposition vor Ort angesehen. Wir veranstalteten eine Rätselrallye, um so in die Geschichte der Dinosaurier vertiefend einzutauchen. Für die Kinder waren die riesigen Dinosaurier faszinierend, die in Lebensgröße dargestellt wurden.

MeineSchule1-Shop „Fit im Zahlenraum 0-100"

Kreieren, Zubereiten & Rechnen, Lesen, Schreiben & der Umgang mit Geld

Ein Mal pro Woche hatte der MeineSchule1-Shop geöffnet. Die Ziele waren, entsprechend dem Alter und den Lerninhalten Situationen aus dem Lebensalltag zu simulieren, Inhalte praktisch darzustellen und das TUN in den Vordergrund zu bringen – *„Ja, das kann ich mir vorstellen, dass hier das Rechnen funktioniert, denn wir wissen es ja alle, dass Kinder durch spielerisches Lernen mit Szenarien des Lebensalltags schneller verstehen und begreifen."* (Mama eines Schülers)

Jeder Schüler hatte seine eigene echte Euro-Box (gefüllt mit Euromünzen und -scheinen), somit wurde der Zusammenhang mit der Praxis hergestellt und mit den mathematischen Schwerpunktzahlen je nach Schulstufe gearbeitet. Begonnen haben wir bei den Zahlen von 0-10 und je nach Schulstufe durch das Simulieren einer Einkaufssituation die Addition und Subtraktion, aber auch das Einmaleins geübt. „So macht das Einmaleins auf einmal Spaß!" (Schülerin, 7 Jahre)

**Verkehrserziehung mit Experten der Polizei –
„Service Learning"**
Dazu haben wir eine fächerübergreifende Unterrichtsaktivität mit der Polizei veranstaltet. Der unterrichtsbegleitende Schwerpunkt lag auf „Verkehrserziehung". Vorab haben die Lehrer mit den Schülern dazu im Unterricht gearbeitet. Was in der Praxis – im Straßenverkehr als Fußgänger – beachtet werden muss, erläuterte der Verkehrserzieher der Polizei. Der zweite Teil fand direkt am Polizeiposten statt. Hier erhielten die Schüler Einblick in das Tätigkeitsfeld eines Polizisten. *„Es war ein einzigartiges Erlebnis – wir glauben, das werden wir nie vergessen."* (Feedback der Schüler der 1. und 2. Klasse)

Mein erster Auftritt
Die Kinder der 1. und 2. Klasse gestalteten ihre Weihnachtsfeier. Sie nutzten diese Schulaktivität, um den Eltern, Großeltern und Ehrengästen zu zeigen, was sie seit Schulbeginn schon alles gelernt hatten. Die Sechsjährigen sangen, tanzten und präsentierten besinnliche Texte voller Überzeugung und mit einem gesunden Selbstbewusstsein.

Die Kleinen lernen bereits ab der 1. Klasse die wichtigsten Kommunikations- und Präsentationsgrundregeln   somit sind Persönlichkeitsentfaltung & Lebensbildung bereits ab der 1. Schulstufe Schwerpunkte.

Projekt „Meine erste Buchpräsentation"

Der vorletzte Schultag an der Privatschule wurde zu einem besonderen Erlebnis. Wir gestalteten unter dem Motto „Lernzielquizshow" ein erlebnisreiches Lernprogramm für die 1. und 2. Schulstufe. Fächer- und jahrgangsübergreifende Lernziele wurden dabei in Form der bekannten Quizshow „1, 2 oder 3" wiederholt. Und die Schülerinnen und Schüler zeigten, was sie schon alles konnten und welche Fähigkeiten sie seit Schulbeginn entwickelt hatten. Ein weiterer Schwerpunkt war ein erlebnisorientierter Workshop in Persönlichkeitsentfaltung zum Thema Mentaltraining für Schüler – Ziele setzen und Träume realisieren. Hierzu gab es eine besondere Überraschung – und zwar eine persönliche Lesung von einem Autor. Der Schriftsteller erarbeitete mit den Schülern die Inhalte des Buches und integrierte darin auch Selbsterfahrungsübungen. Am Ende gab es eine Autogrammstunde und alle Schüler erhielten ihre eigenen signierten Exemplare. Das Buch erhielt einen eigenen Platz in der Schulbibliothek und wurde dann herangezogen, wenn wir das Thema Persönlichkeitsentfaltung fächerübergreifend bearbeiteten.

Highlight des Tages: Ein Wunsch unserer Schüler wurde Wirklichkeit!

Die Schüler wünschten sich schon so oft und lange, endlich mal in der Schule zu übernachten. Um diesen Wunsch auch sinnvoll zu gestalten und einen Mehrwert im Lernen zu ermöglichen, gestalteten wir ein einzigartiges Projekt und der Wunsch, „endlich mal in der Schule zu schlafen", wurde Realität. Im Kapitel „Einblicke in und aus der Praxis" erfahren Sie mehr dazu.

Wir organisierten zu Semesterabschluss den Schultag einmal anders, damit wir diesen nächtlichen Aufenthalt auch ermöglichen konnten: Das Abendprogramm beinhaltete die Zu- und Vorbereitung eines gemeinsamen Abendessens am schön gedeckten Tisch, einen Abendspaziergang in den Auen mit Beobachtung von Naturspielen und ein pädagogisch wertvolles Schülerkino mit einer anschließenden Filmanalyse vor der Bettruhe. Somit wurde der Film vor dem Schlafengehen gemeinsam im Kreisgespräch reflektiert.

Nachwort
Sonja Maria Schmolmüller

Die Konzeptentwicklung und Begründung des neuen Schultyps MeineSchule1 waren die besten Entscheidungen und machen einen prägenden Teil in meinem Leben aus. Mein Lebenswerk und mein Herzensanliegen wurden Wirklichkeit.

Durch diese Erfahrungen und Situationen wurde mir bewusst, wie stark und kraftvoll ein Mensch sein kann, wenn er seiner Bestimmung folgt sowie seine eigene Stärke und sein Talent lebt. Und ich durfte es bewusst erfahren, spüren, fühlen und erleben, WIE KRAFTVOLL UND GROSS MEIN HERZ IST.

Es ist auch ein Geschenk, jeden Tag mitzuerleben, wie Kinderaugen strahlen, sich täglich freuen, in die Schule zu kommen, oder auch diese Ehrlichkeit zu sehen, aber auch die Dankbarkeit, die sie mit einer solchen Selbstverständlichkeit zeigen, wenn sie glücklich und zufrieden sind. Und auch Anteil daran nehmen, wie sich Pädagogen in einem solchen System entfalten und tatsächlich auf dem Zielkurs zum Potenzialentfalter sind und zum Wohle der Kinder agieren – im Miteinander ein starkes WIR-Gefühl leben und so den Schulfrieden täglich aufs Neue garantieren. Wir alle waren eine *Familie* – eine ***Schulfamilie***.

„Der Fortschritt lebt vom Austausch des Wissens.“ [39]

Eines Tages wurde mir klar – und mein Herz spürte es ganz deutlich: Die Pionierarbeit war getan und nun war es an der Zeit, die Schulleitung zu übergeben und einen neuen Weg zu gehen – mit dem Ziel, dieses Wissen und diese Erfahrungen weiterzugeben, damit Schule und Lernen mit diesem Herz zukunftsstärkend

---

39 Albert Einstein

mehreren Kindern, Pädagogen und Eltern zugängig gemacht werden kann.

Auf diesem Wege bedanke ich mich nochmals aufs Herzlichste bei meinen Schülern, ihren Eltern und den Pädagogen sowie ebenfalls bei den Unterstützern und beherzten Gönnern und auch den Mitgliedern, Personen in Behörden, Ämtern sowie Dachverbänden, mit denen ich in schulorganisatorischen Belangen zusammengearbeitet habe.

Ein herzliches Dankeschön auch an meinen Mann, meine Familie und Herzensfreunde sowie die treuen Mitglieder des Verbands MeineSchule1, dass sie an mich glaubten und mir in dieser wunderbaren Zeit zur Seite standen, und bei allen Menschen, die mich auf diesem Weg bis hierher begleiten haben. Danke für diese fabelhafte Zeit!

PORTA PATET, COR MAGIS.
„Die Tür steht offen, das Herz noch mehr."[40]

---

40 Östliche Weisheit

Danksagung betreffend den Zeitraum der Bucherstellung

Dankeschön an alle Menschen, die mich bei der Buchgestaltung unterstützt haben, indem sie aktive Beiträge, Interviews und sonstige geführte Gespräche, Erfahrungen und Beispiele zur Schul- und Lernforschung kundgegeben und dargestellt haben.

Damit die Anonymität und der Datenschutz gewahrt bleiben, werden diese Personen nicht namentlich genannt.

*Besonders bedanken möchte ich mich bei **allen Kindern**, die mit mir im Zeitraum der Konzeptentwicklung zusammenarbeiteten und auch aktive Beiträge in Workshops geliefert haben.*

LITERATUR- UND QUELLENVERZEICHNIS
Verwendete Literatur

BECKER, MANFRED: Personalentwicklung. Bildung, Förderung und Organisationsentwicklung in Theorie und Praxis. Stuttgart: Schäffer-Poeschel Verlag 2009.

EBERHART, FRANZ/KAPELARI, BENNO: Handbuch. Freie Alternativschulen. Berichte von Eltern. Aussagen von Lehrpersonen. Befragung von AbsolventInnen. Renate Götz Verlag 2010.

FEND, HELMUT: Schule gestalten. Systemsteuerung, Schulentwicklung und Unterrichtsqualität. VS Verlag für Sozialwissenschaften: Wiesbaden 2008.

HATTIE, JOHN: Lernen sichtbar machen für Lehrpersonen. Überarbeitete deutschsprachige Ausgabe von „Visible Learning for Teachers" von Wolfgang Beywl und Klaus Zierer. Schneider Verlag Hohengehren: Baltmannsweiler 2016, 2. korrigierte Auflage.

HÜTHER, GERALD: Was wir sind und was wir sein könnten. Ein neurobiologischer Mutmacher. Fischer Verlag: Frankfurt am Main 2011.

SEIWERT, LOTHAR: Das 1x1 des Zeitmanagement. Gräfe und Unzer Verlag GmbH: München 2014.

SCHRATZ, MICHAEL/WESTFALL-GREITER, TANJA: Schulqualität sichern und weiterentwickeln. Orientierungsband. Friedrich Verlag: Seelze 2010.

WATZLAWICK, PAUL: Wie wirklich ist die Wirklichkeit? Wahn, Täuschung und Verstehen. Piper Verlag: München 2010.

WILLKE, HELMUT: Systemtheorie II: Interventionstheorie. UTB Lucius & Lucius Verlag: Stuttgart, 4. Auflage 2005.

Weiterführende Literatur & Literaturempfehlungen

FEND, HELMUT: Qualität im Bildungswesen. Schulforschung zu Systembedingungen, Schulprofilen und Lernleistung. Weinheim/München 1998.

GÖTZ, THOMAS: Emotion, Motivation und selbstreguliertes Lernen. Schöningh: Wien 2011.

HENGSTSCHLÄGER, MARKUS: Die Durchschnittsfalle. Gene – Talente – Chancen. Ecowin Verlag: Salzburg 2012.

HÜTHER, GERALD: Etwas mehr Hirn, bitte. Eine Einladung zur Wiederentdeckung der Freude am eigenen Denken und der Lust am gemeinsamen Gestalten. Vandenhoeck & Ruprecht: Göttingen 2015.

LIEBERTZ, CHARMAINE: Das Schatzbuch der Herzensbildung. Grundlagen, Methoden und Spiele für eine zukunftsweisende Erziehung. Spectra-Verlag: München 2007.

LIEBERTZ, CHARMAINE: Das Schatzbuch ganzheitlichen Lernens. Grundlagen, Methoden und Spiele zur emotionalen Intelligenz. Don Bosco Medien: München, 6. Auflage 2012.

MICHL, WERNER: Erlebnispädagogik. München-Basel: Reinhardt Verlag 2009.

MÜLLER, ANDREAS: Lernen steckt an. hep Verlag: Bern 2001.

OPPERMANN-WEBER, URSULA: Mitarbeiterführung. Führungsansätze passend auswählen – Führungsinstrumente richtig einsetzen. Mannheim: Cornelsen Scriptor Verlag 2011.

SALCHER, ANDREAS: Der talentierte Schüler und seine Feinde. Goldmann: München 2010.

SPITZER, MANFRED: Lernen. Gehirnforschung und die Schule des Lebens. Spektrum Akademischer Verlag: Heidelberg 2009.

Sonstige Quellen:

DUBS, ROLF: Die Führung einer Schule. Leadership und Management (2. Aufl.). SKV: Zürich 2005.

DUBS, ROLF: Die teilautonome Schule. Ein Beitrag zu ihrer Ausgestaltung aus politischer, rechtlicher und schulischer Sicht. Edition Sigma: Berlin 2011.

DUBS, ROLF: New Public Management im Schulwesen, in: Excellence durch Personal- und Organisationskompetenz Hrsg. Norbert Thom und Robert J. Zaugg. Bern, Stuttgart und Wien 2001.

OECD-STUDIE TALIS 2013. Zusammenfassung. In: http://www.oecd.org/edu/school/TALIS-2013-Executive-Summary.pdf (13.07. 2016).

ROGERS, CARL R.: In: http://gutezitate.com/zitat/183143. (20.04.2016).

SCHMOLMÜLLER, SONJA: Portfolio zur Entwicklungsstudie und Konzepthandbuch MeineSchule1. Linz. 2012/2015.

STUDIE zum Arbeitsfeld der österreichischen Lehrer. In: UNTERSUCHUNGS-FELD 2006 (Hrsg.) http:// www.zalbs.salzburg.at/archiv/lehrerarbeitszeit.htm [13.10.2011].

Konzeptbestandteile

Nutzen und Mehrwert des Bildungskonzepts
von Sonja Schmolmüller

Anleitungen für den Schulalltag

Es besteht die Möglichkeit, das Recht auf Werknutzung des gesamten Konzepts oder Lizenzen für bestimmte Elemente zu erhalten. Beides ist an einen Wissenserwerb in Form von Workshops und Seminaren (Ausbildungsreihe) gekoppelt. Diese können in Kleingruppen oder auch in Einzel- oder Paarseminaren absolviert werden. Zugleich integriert die Fortbildung eine Zertifizierung. Das Qualifizierungsprogramm, um eine solche Genehmigung zu erhalten, ist eine praxisnahe, pädagogische Ausbildungsreihe für Lehrpersonen, Gründer und Schulleiter.

Diese Konzeptelemente sind vielseitig nutz- und einsetzbar, so etwa für freie Privatschulen, sogenannte Schulen mit einem eigenen Organisationsstatut. Hier werden Anleitungen von der Gründung bis zum Schulstart sowie zum pädagogischen und organisatorischen Schema der Privatschule, zum Personalaufnahmeverfahren sowie Tools für Personalführung, Coaching, Fort- und Weiterbildung sowie Schul- und Unterrichtselemente gegeben. Zugleich stellt der Entwurf des neuen Schultyps eine sehr gute Grundlage und Basis als Orientierungshilfe für Eltern dar, die ihre Kinder zum häuslichen Unterricht angemeldet haben oder anmelden möchten – eine geführte Organisation für die sogenannten Freilerner. Alternative Unterrichts- und Führungskonzepte für Lehrer und Direktoren in bestehenden Schulen/ Privatschulen sowie realisierbare Ideen für Unterrichtsentwicklungsprozesse, wie ein schulbegleitendes Mentorat oder internes Coaching, sind ebenfalls wichtige Bestandteile des Konzepts. Die genannten Tools sind für das Schulmanagement und die Unterrichtsqualität unentbehrlich. Deshalb sind sie auch übertragbar und können an die eigene Situation angepasst werden. Es gibt flexible Gestaltungs- und Entfaltungsmöglichkeiten, je nach Situation. Dadurch entstehen praktizierbare Ansätze, um wieder mehr Begeisterung in die Schulen, Lerngemeinschaften und Bildungssysteme zu bringen, den Schulfrieden zu sichern sowie menschliche Werte tatsächlich zu leben.

Anleitungselemente/Konzeptbestandteile
Egal, ob Sie das **Gesamtkonzept oder Konzeptbestandteile, soge-nannte Tools, buchen – in jedem Fall werden Sie persönlich eingeschult und auf Ihrem Weg begleitet.**
Die Tools werden, wie folgt, gruppiert:
- als Gründungselemente für die Errichtung einer Privatschule
- als Leitfaden für Eltern zur Organisation eines häuslichen Unterrichts

Liste der Tools

Anleitungen zur und Unterstützung bei der Organisationsgründung
Tools:
- Prozessentwicklung, Gruppenbildung & Kompetenzvertei-lung in den Gründerteams
- Gründungsverfahren, Installierung
- Organisationsstatut mit öffentlicher Anerkennung
- Lehrplan für Persönlichkeitsentfaltung und Lebensbildung
- Aufbau des Schulerhalters (neue Ausführung – neuer Verein)
- Errichtung, Einrichtung & Gestaltung

Anforderungen an Lernräume/neues Haus des Lernens (Schulhaus)
Tools:

- Konzept für Lernräume und Impulse für die Schulhausgestaltung
- Impulse für die Farb- und Formgestaltung
- Hinweise zur Ergonomie am Arbeitsplatz
- Kriterien der Räumlichkeiten für bewegtes Lernen
- Hinweise zur Garten- und Küchengestaltung => Mehrwert für lebensnahe Projekte

Führungskultur und Leiterfunktion
Tools:

- Maßnahmen für neue Werte in der Leitungsfunktion
- Führungslinie und wertschätzende Führungsmethoden zur Sensibilisierung der Persönlichkeitsentfaltung von Führungskräften und Mitarbeitern
- Methoden zur Schärfung des Reflexionsbewusstseins
- Instrumente der Personalführung, Leitung und Evaluierung nach dem neuen Konzept

Personalaufnahmeverfahren
Tools:

- Kriterien und Ablauf von Bewerbungsverfahren
- Kriterien und Ablauf von Personalaufnahmeverfahren
- Vereinbarungen zum Dienstvertrag und ethische Geschäftsordnung
- Konzept und Inhalte zur Qualifizierung der Mitarbeiter (Einschulung auf das pädagogische Konzept)
- Methoden zur Schärfung der Reflexionsfähigkeit und Persönlichkeitsentwicklung

Aufnahmeverfahren für Schüler und Eltern
Tools:

- Erstgespräche mit Erziehungsberechtigten
- Anmeldebogen
- Schuleinschreibung für Schüler
- Aufnahmevertrag und Pflichtenblatt für Eltern zur ganzheitlichen Entwicklung

Leitfaden zur Elternarbeit
Tools:

- Impulse für pädagogische Nachmittage, Elterninfoabende und Entwicklungsgespräche
- Anleitungen für Projekte
- Antragsformulare zur Unterrichtsfreistellung für besondere Anlässe
- Entschuldigungslisten etc.
- Sonstige administrative Angelegenheiten in Zusammenarbeit mit den Eltern,
- Kostenaufstellungen, Bestätigungen etc.

Qualifizierungsmaßnahmen für Lehrpersonen
Tools:

- Kriterien und Anforderungen für gruppenführende Lehrer, Lernbegleiter und Lernassistenten
- Anleitungen für Unterrichtskonzepte – Lehren und Lernen mit allen Sinnen,
- Jahres-, Wochen- und Tagespläne
- Anleitungen für Lernzielkataloge
- Anleitender Projektleitfaden für unterrichtsbegleitende Vorhaben
- Themenimpulse und Leitfaden zum Lernen mit Experten und Generationenlernen
- Impulse für Methodenkompetenztraining – ganzheitliches

Lernen als Selbstverständlichkeit – Lernen an Stationen mit allen Sinnen – Individualisierung
- Kriterienkatalog zur ganzheitlichen Lernleistungsbetrachtung
- Konzept des neuen Lehrplans „Persönlichkeitsentfaltung und Lebensbildung"
- Herzensbildung
- Gemeinschaftsbildung
- Hirnforschung für Kinder und Jugendliche
- Natur- und Umweltkunde
- Gesundheitstraining
- Sprachtraining, Kommunikation und Präsentation
- Projektarbeit
- Leitgerüst zur Erstellung von Kompetenzraster
- Konzept zum „Verfassen von Entwicklungsberichten über Schüler"
- Maßnahmen für Eltern zu pädagogischen Nachmittagen
- Maßnahmen zur Sensibilisierung des Professions- und Reflexionsbewusstseins der eigenen Unterrichtstätigkeit
- Unterrichtsforschung

Schulorganisation
Tools:
- Struktur und Aufbau der Lerngruppen
  - Wochenpläne/Unterrichtszeiten
  - Struktur der Tagespläne
  - Werte und Leitbilder der Haus- und Schulordnung
  - Maßnahmen der Schulkultur – Ich-Du-Wir-Prinzipien
  - Kommunikationsvereinbarungen
  - Managementaufgaben im Schulalltag

Pädagogik, pädagogische Praxis & Organisation
- Philosophie
- Gehirn- und gedächtnisgerechter Tagesplan zur Förderung des fächerübergreifenden und vernetzten Lernens als

Selbstverständlichkeit, Basismodul und fächerübergreifende
Schwerpunkte, Fächerkanon
- Lehrplankonzept „Persönlichkeitsentfaltung und
Lebensbildung"
- Merkmale der Pädagogik & pädagogischen Praxis
- Förderung der kreativen Intelligenz im Lernalltag,
- Theaterspielen, kreatives und künstlerisches Gestalten,
musische Aktivitäten
- Methoden zur ganzheitlichen Leistungs- und Entwicklungs-
betrachtung
- Juniormanagement
- Anleitung zur Erstellung von Arbeits- und Lehrmitteln
  – Lernspiele, Arbeiten mit Lerngeschichten
- Impulse für Herzensbildung
- Methoden zur Selbsterfahrung
- Feedback-Instrumente für Schüler
- Erforschendes Lernen zu Hause
- Projektarbeit (Generationenlernen/Lernen aus Meisterhand)
- Methoden zur Konfliktlösung
- Gesundheitstraining im Alltag
- Projektleitfaden
- Kreativität für alle Sinne

Hinweise für Lehr- und Arbeitsmittel
Tools:
- Selbst verfasste Texte (Geschichten, Spiele, Rechengeschich-
ten etc.) für lebensnahes Rechnen, Lesen und Schreiben

Empfehlungen für:
- lernbegleitende Schulbücher
- Quellen für Lehrmittel

Themenbereiche der Weiterbildung:
Für folgende Zielgruppen sind Einzeltraining, Gruppenseminare oder Workshops sinnvoll:
Für die Schulleitung:

- Impulse und Anleitungen für potenzialorientierte Teams: „Mitarbeiter stärken und Potenziale bewusst einsetzen"
- Organisationsunterstützung und Impulse für die Personalentwicklung
- Praxis- und personenbezogene Führungsmethoden
- Einsatz von Personalentwicklungsinstrumenten zur Optimierung professioneller Lerngemeinschaften, zur Unterrichtsentwicklung für Lehrpersonen oder zur Schulentwicklung
- Impulse für die Elternarbeit
- Mentorat für Elterngespräche
- Impulse für, Organisation von und Begleitung bei Workshops für pädagogische Nachmittage zur Schul- und Unterrichtentwicklung

Für Lehrpersonen:
„Lehren und Lernen mit Begeisterung und mit allen Sinnen leicht gemacht"

- Tipps und Tricks, um Lehren und Lernen mit Begeisterung im Schulalltag zu leben
- Leitfaden und Anleitungen, um Lernen mit allen Sinnen für Kinder zu garantieren und in der eigenen Unterrichtsarbeit anzuwenden
- Einzelcoachings zur und Reflexion der Weiterentwicklung der eigenen Unterrichtarbeit
- Persönlichkeitsentfaltung und Lebensbildung
- Projektarbeit
- Methodische und didaktische Impulse
- Lehren und Lernen mit Begeisterung und allen Sinnen
- Reflexion der eigenen Unterrichtsarbeit
- Unterstützung im und Impulse für den Unterricht

- Impulse für die Elternarbeit
- Mentorat für Elterngespräche
- Persönlichkeits- und Lebensbildung als Bestandteile im Unterricht
- Pädagogische Begleitung für klassenführende Lehrpersonen, um ein harmonisches Klassenklima zu erhalten– Ich-Du-Wir-Prinzipien leben

Für Eltern:
- Mentorat für schulische Angelegenheiten
- Vermittlung der ganzheitlichen Lernbegleitung für Kinder und Jugendliche
- Persönlichkeitsbildung für Kinder und Jugendliche
- Begleitung bei der Schulauswahl
- Schullaufbahnberatung
- Pädagogische Impulse und Organisationsleitfaden für Eltern, die ihr Kind im häuslichen Unterricht begleiten

Für Schulgründerteams:
- Teamentwicklung und Rollenverteilung
- Installierung, Errichtung der Schule
- Lizenz für das Organisationsstatut und den neuen Lehrplan „Persönlichkeitsentfaltung"
- Zertifizierung des pädagogischen Konzepts (Ausbildung)
- Maßnahmen der Schulorganisation
- Personalauswahl und -entwicklung
- Elternarbeit und Aufnahmeverfahren
- Vorbereitungen zur Schulhausgestaltung
- Schulstart
- Vorgehensweise und Begleitung bei Förderansuchen
- Sonstige administrative Angelegenheiten
- Konzepttools Schulleitung, Personalführung und Qualitätsentwicklung

Kontakt:
Dipl.-Päd. Ing. Sonja Schmolmüller
E-Mail: s.schmolmueller@meineschule1.at